PETITE BIBLIOTHÈQUE POPULAIRE
D'HISTOIRE ET DE GÉOGRAPHIE

GERMOND DE LAVIGNE

2

4704

LES

ESPAGNOLS

AU MAROC

Avec une Carte

10 CENTIMES

CHARLES BAYLE, ÉDITEUR

à Paris, 16, rue de l'Abbaye

1889

LES ESPAGNOLS

AU MAROC

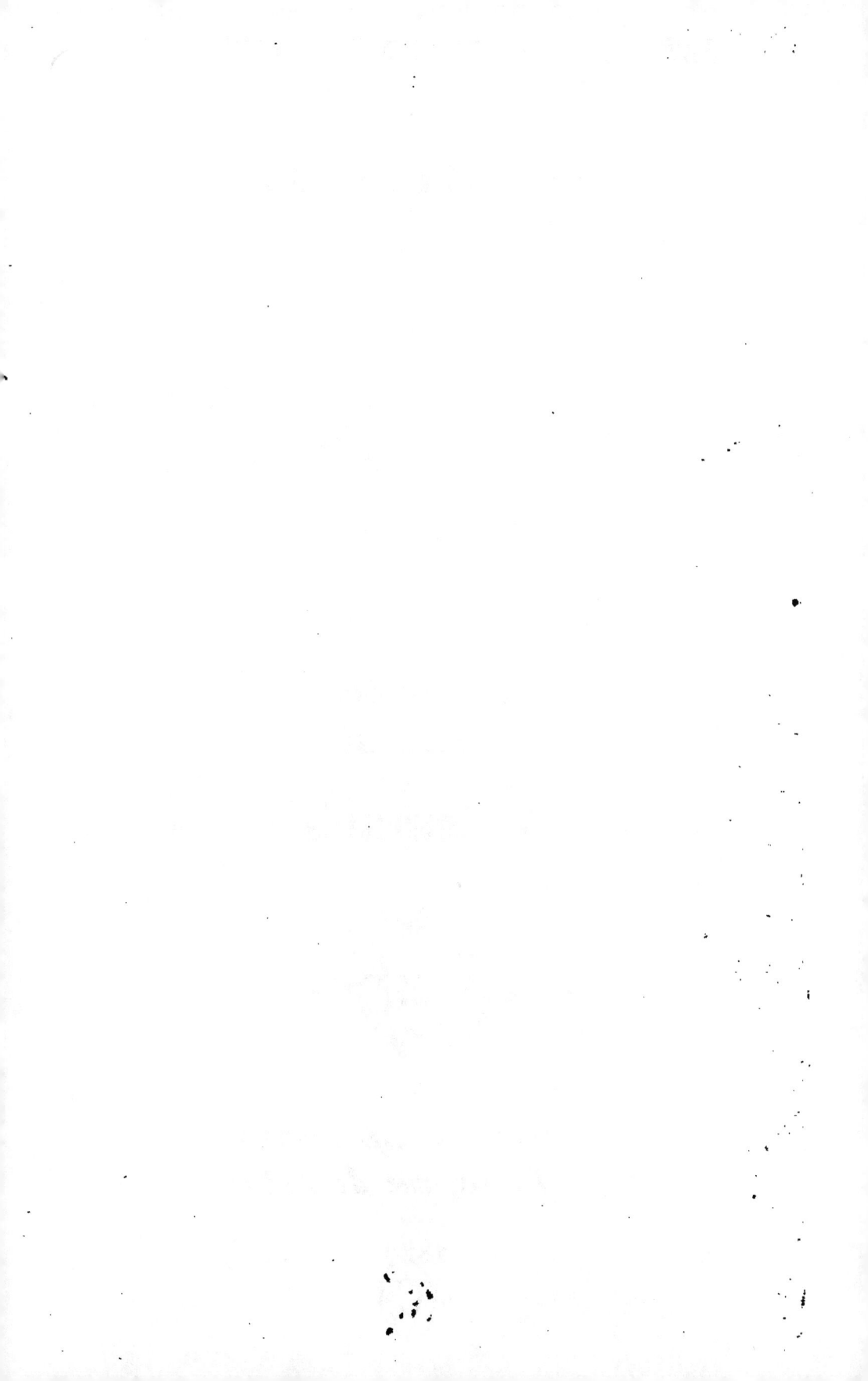

PETITE BIBLIOTHÈQUE POPULAIRE
D'HISTOIRE ET DE GÉOGRAPHIE

GERMOND DE LAVIGNE

LES
ESPAGNOLS
AU MAROC

Avec une Carte

70 CENTIMES

CHARLES BAYLE, ÉDITEUR
à Paris, 16, rue de l'Abbaye

1889

DÉTROIT DE GIBRALTAR

CARTE
de la marche suivie
PAR L'ARMÉE ESPAGNOLE
entre
CEUTA ET TETUAN
en 1860

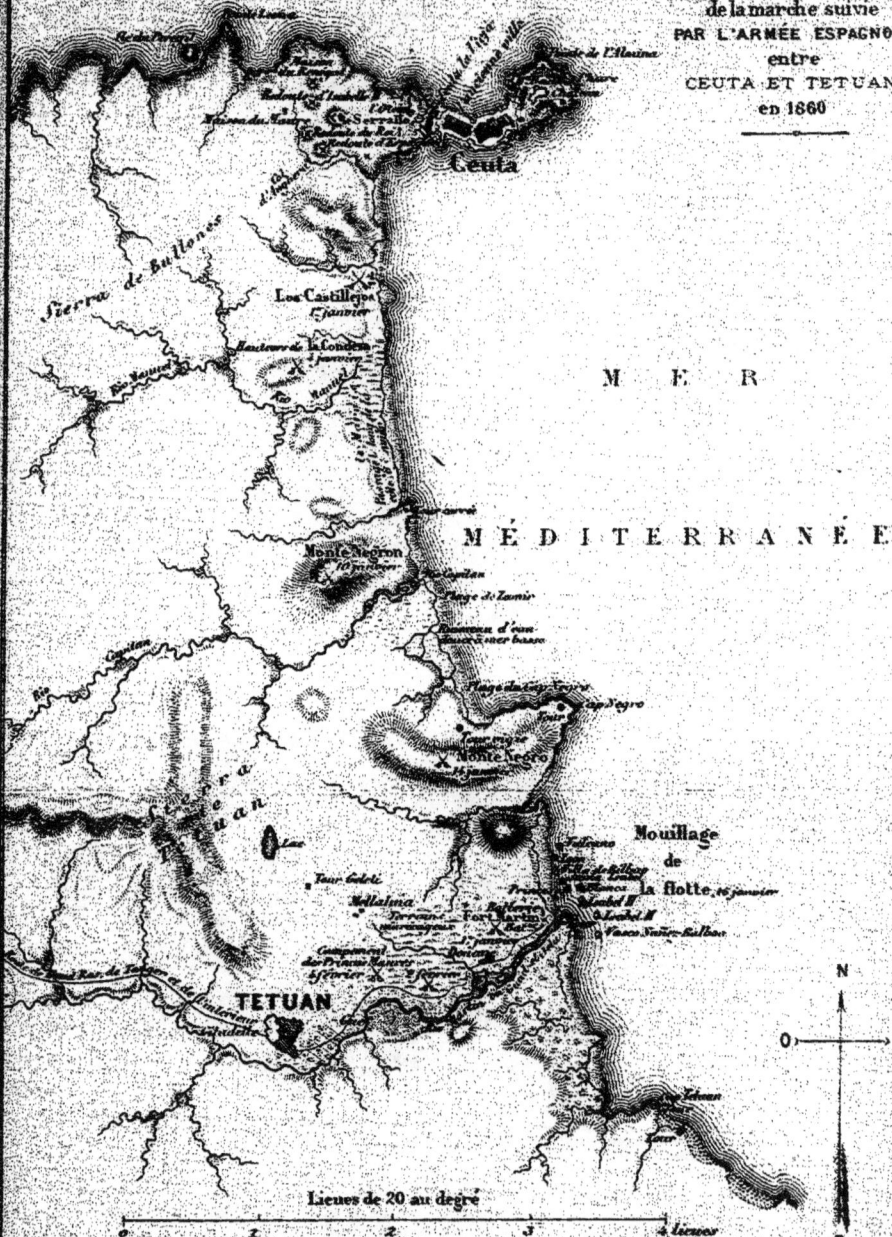

Sierra de Bullones

Ceuta

Los Castillejos
1er janvier

Hauteur de la Condesa
1er janvier

M E R

M É D I T E R R A N É E

Monte Negron
10 janvier

Plage de Zamir

Monte Negro
15 janvier

Sierra Tetuan

Mouillage
de
la flotte, 23 janvier

Fort Martin

TETUAN

Lieues de 20 au degré

0   1   2   3   4 lieues

Gravé par Rigaud, Bergerac

N
O — E
S

AVANT-PROPOS

L'Espagne possède, dans la Méditerranée, sur
le littoral du nord de l'Afrique, quatre positions
isolées, à une distance moyenne de 100 kilomètre l'une de l'autre, depuis le détroit de Gibraltar
jusqu'à la rivière Muluya, qui forme la limite
de la province d'Oran. Ces postes sont édifiés
sur des rochers ou sur des isthmes arides. Le navire qui passe au large pourrait les prendre pour
des vigies éclairant la côte.

On les nomme Ceuta, Velez de la Gomera,
Alhucemas et Melilla.

Ils sont gardés par de petites garnisons, armés
de quelques canons, et renferment chacun un
établissement correctionnel ou préside. Chacun
aussi possède sur le littoral un territoire d'un pé-
rimètre restreint, peu ou point protégé par quelques ouvrages avancés.

1

Sur la lisière qui s'étend le long du rivage, et jusqu'au pied des plateaux du Riff, campent ou circulent quelques tribus berbères ou Kabyles.

Aucune relation possible n'existait entre les garnisons et ces voisins plus dangereux qu'utiles, n'ayant aucune industrie, ne tirant rien d'un territoire pourtant propre à la culture, se bornant à surveiller les abords des postes espagnols, comme s'ils avaient mission de prendre en défaut la vigilance des garnisons.

La différence des mœurs et des religions, les rancunes nées du souvenir des vieilles guerres ont contribué à entretenir des inimitiés tenaces. L'occupation de l'Algérie par les Français, les révoltes de la province d'Oran, n'ont pu que fomenter un constant esprit de lutte, qui souvent a amené, auprès des présides, de violentes collisions.

En 1859, à la suite d'une cause restée inconnue, une vive émotion se produisit auprès de Melilla. Des bandes parvinrent à forcer la limite du terrain qui protège la place; l'écusson aux armes d'Espagne fut jeté à terre, foulé aux pieds et ignoblement insulté.

Le maréchal don Leopoldo O'Donnell était alors le chef du gouvernement de la reine Isabelle II.

Les agresseurs ayant refusé les légitimes réparations qui leur furent demandées, l'Espagne déclara la guerre et s'y prépara tout aussitôt, tandis que, de son côté, le Maroc se disposait à la défense.

Cet incident, que l'on ne fit pas naître; mais

dont on ne chercha pas à atténuer la portée, fut considéré comme un fait providentiel, dans la situation où l'Espagne se trouvait alors.

Réveiller l'esprit public ; émouvoir la fibre patriotique ; ranimer l'armée fatiguée de pronunciamentos ; convier les partis nombreux et très divisés à venger une commune injure ; détruire la piraterie ; civiliser un pays barbare, cela parut, de la part d'une nation loyale, un acte de grandeur politique. C'était affermir un trône ébranlé, assurer surtout la prépondérance d'un parti nouveau, « l'union libérale », qui surgissait avec des projets généreux.

Le réveil se fit avec la rapidité de l'éclair, d'un bout à l'autre du pays. En quelques semaines, avec une surprenante rapidité, des bataillons furent envoyés, de toutes les provinces d'Espagne, en Andalousie ; des approvisionnements et du matériel de guerre furent accumulés dans les ports du littoral, à Malaga, à Algéciras, à Cadix ; des navires requis complétèrent les moyens de transport de la marine militaire ; puis, à un signal donné, trois divisions bien commandées, pleines d'enthousiasme, passèrent en quelques heures à Ceuta, où le camp fut installé.

Ce qui va suivre est la reproduction de correspondances qui furent envoyées du Sud de l'Espagne et d'Afrique, à la fin de 1859 et au commencement de 1860, au « Moniteur de l'Armée », à Paris. Elles eurent alors la bonne fortune d'attirer l'attention des hommes spéciaux. Elles sont réimprimées telles qu'elles ont été publiées alors, suivant leur opportunité du moment, à cela près de la suppression de redites inévitables, et du meilleur ordre donné à des nouvelles parvenues, avec quelque confusion de date, des points divers du théâtre de la guerre. C'est une chronique d'il y a 29 ans.

L'auteur se trouvait en Espagne, occupé de recherches historiques et statistiques. On était au moment de l'essor des premiers chemins de fer dans la Péninsule. Il voyageait avec les dernières diligences, les tartanes et les carrioles de la poste, pour recueillir les éléments d'un travail de longue haleine.

Il avait eu le bonheur de se trouver à Madrid, au milieu d'un groupe de littérateurs et d'artistes qui, vingt ans plus tôt, proscrits, réfugiés à Paris, y attendaient le rétablissement, dans leur pays, d'un régime dont ils étaient les fidèles serviteurs.

Ros de Olano était l'un d'eux. Ce n'était pas seulement un écrivain distingué, un poète charmant, c'était aussi un officier de mérite, soldat d'expéditions lointaines, homme de savoir et de cœur, connaissant notre littérature et notre langue, qu'il parlait comme nous. Au moment de l'expédition d'Afrique, il était lieutenant-général, chargé du commandement de l'une des divisions.

L'auteur venait d'Alicante et de Cartagène, envoyant, chemin faisant, ses correspondances sur le grand évènement qui agitait la Péninsule.

A Malaga, sur la Courtine du Môle, il y avait, le 25 novembre, grande animation de troupes et de matériel; foule de promeneurs et de curieux. Deux bras galonnés, portant les trois étoiles d'or, arrêtent l'auteur et lui donnent l'accolade. — « Vous ici ?

— Pour vous servir, cher général.

— Alors je dispose de vous ? Je vous emmène.

— Où cela, don Antonio ?

— En Afrique, sur mon bateau. L'armée s'est installée à Ceuta ; elle se bat au Serrallo. La partie est engagée ; nous marchons sur Tétuan. Tout le monde ici est dans l'allégresse. Voyez, on nous regarde ; vous êtes un ami pour cette foule qui a vu que je vous embrassais. Nous partons demain. Je débarque à Ceuta ; vous restez à bord, les navires vont reconnaître la côte jusqu'à l'embouchure du rio Martin, en vue de Tétuan. Vous verrez tout cela : le siège, l'attaque, la prise.

— Moi ? Impossible, cher général ; mes jours sont comptés ; mon itinéraire est réglé...

— Allons donc ! Une pareille fête ! Si vous ne consentez pas, j'appelle deux de mes hommes, et je vous embarque de force. Voyez le scandale ; on vous a pris pour un vaillant ; vous devenez un prisonnier, et je vous mène au préside !

— Alors ?...

— Tout de suite. Quel est votre hôtel ? Où est votre bagage ? Ma chambre sera la vôtre jusqu'à demain. Nous embarquerons au lever du jour. »

Et voilà comment, de la dunette du vapeur de guerre Vasco Nuñez de Balboa, l'auteur assista à la prise du camp de Muley-Abbas.

Septembre 1889.

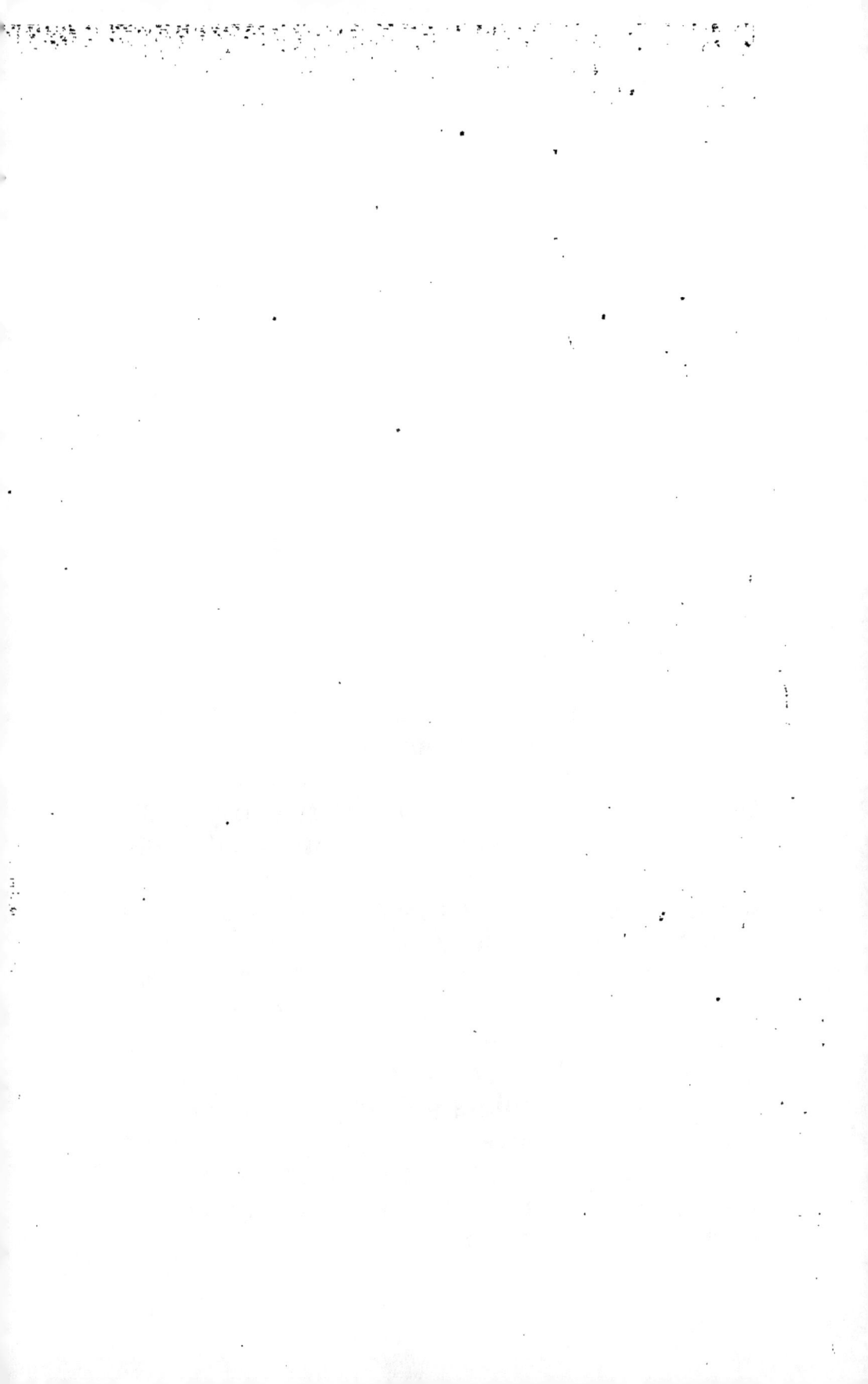

LES
ESPAGNOLS AU MAROC

L'OBJET DE LA GUERRE

Novembre 1859.

Lorsque fut décidée l'expédition du Maroc, beaucoup y virent une manifestation d'un caractère spécial et en dénaturèrent la portée. On s'imagina que le catholicisme espagnol, s'armant contre l'islam, allait entreprendre une croisade nouvelle, et, à cinq siècles de distance, reprendre, sous Isabelle II, les grands armements d'Isabelle la Catholique. Les évêques offrant à l'Etat une partie de leurs revenus, les curés bénissant les troupes, les Pierre l'Hermite parcourant les campagnes dans les provinces de Valence et d'Alicante, la Reine brodant une bannière à l'image de la Vierge, tout cela se trouvait expliqué par ces mots d'une de nos lettres : « Nous allons porter sur les plages africaines les lumières de l'Evangile et de la civilisation. »

Il n'en est rien. L'Espagne ne va pas trouver seulement devant elle des Kabyles, les hordes du Riff, ou les descendants de ces Maures chevaleresques de Grenade, de Baeza ou d'Antequera qui ont emporté d'Andalousie les clefs de leurs maisons, les léguant à leurs familles avec l'espoir de reconquérir un jour cette terre bénie. Les journaux disent quels renforts, quelles ressources et quels conseils les Marocains paraissent prêts à obtenir de voisins moins intéressés au succès de l'Espagne.

Qu'il y ait guerre ou non, ce qui se passe est pour le royaume d'Espagne, pour son armée, pour ses magasins, pour sa marine, pour ses arsenaux, l'occasion d'une rénovation autrement complète que celle qui se fit en France en 1840, lorsque les évènements d'Egypte et de Syrie faillirent rompre la bonne harmonie entre nous et l'Angleterre. Nos arsenaux étaient pauvres, nos magasins de terre et de mer à peu près dépourvus ; les ressources accumulées à cette époque ont aidé à la rapidité des armements qui se sont faits quinze ans après.

Pour l'Espagne, l'entreprise est bien plus considérable ; l'état de pénurie de ses établissements allait, il y a quelques mois, au-delà de tout ce que l'idée peut s'en faire. L'arsenal de Cartagène, vaste nécropole où, en 1858, on avait eu d'immenses peines à compléter la construction et l'armement d'une frégate, n'était plus qu'une ruine depuis l'incendie qui avait dévoré la moitié de ses bâtiments. La Carraca, au fond de la baie de Cadix, ne comptait qu'une petite compagnie d'Invalides pour garder ses magasins vides; le Ferrol, l'imprenable forteresse que Pitt voulait ravir à l'Espagne pour l'entourer d'une muraille d'argent (*with a strong wall of silver*), était dans l'état d'abandon le plus pénible. Les bruits de guerre ont galvanisé ce vieux corps qu'on croyait privé de toute ressource vitale, et, chose presque providentielle, c'est le catholicisme lui-même qui a fourni, en un clin d'œil, les moyens considérables que le gouvernement a pu réunir pour former une armée et la transporter sur le théâtre futur de la guerre. Les biens de main morte, les propriétés des couvents et des chapitres, les biens de propres, qui avaient échappé à la mesure du désamortissement, ont servi de gage à un emprunt de deux milliards de réaux (500 millions de francs) aussitôt consacrés à des travaux d'utilité publique, à des dépenses d'approvisionnement et d'armement. Les fonderies, celle de Séville surtout, qui possède un outillage magnifique, sous la direction d'officiers dont l'instruction est depuis longtemps au niveau des progrès de la science, ont transformé en canons rayés, avec une rapidité inouïe, ce beau matériel coulé avec le cuivre si apprécié des mines de Rio-Tinto. Deux régiments d'artillerie à cheval ont été organisés sur le modèle de nos régiments français; l'infanterie est bien armée, bien vêtue, bien exercée et peut encore mériter la vieille réputation de l'infanterie espagnole; on compte vingt bataillons de chasseurs, armés à la légère, composés d'hommes choisis parmi les plus lestes et qui forment l'élite de cette armée reconstituée ; enfin la cavalerie s'est presque complètement remontée et ses régiments peuvent mettre aujourd'hui, chacun, cinq cents chevaux en ligne.

« Avec ces éléments, dit une lettre, avec un trésor bien pourvu, une administration militaire bien organisée, des approvisionnements considérables en objets de campement, un corps de santé expérimenté, un matériel complet d'ambulance, une marine nouvelle dirigée par des officiers instruits, un état-major habile, la nation espagnole, barbarement outragée dans son honneur par une nation, l'abjection du genre humain, peut avec confiance envoyer son cri de guerre à ce misérable africain rejeté par le doigt de Dieu de l'autre côté du détroit. »

Il ne s'agit pas, d'ailleurs, pour l'Espagne de répondre à de grossières insultes ; il s'agit pour elle de sauver et de mettre à l'abri de toute attaque des possessions auxquelles elle a probablement quelques raisons de tenir. Nous ferions sans doute, quant à nous, bon marché des misérables présides de Alhucemas, de Velez, peut-être même de Melilla, qui coûtent chaque année à la métropole de trois à quatre millions de réaux ; mais, certes, rien ne doit être négligé pour rendre toute son importance à Ceuta, l'autre colonne d'Hercule. Les Anglais y avaient envoyé garnison, en 1811, sous prétexte de défendre la place contre les Français ou contre les Marocains, et il fallut, en 1814, les réclamations répétées de Ferdinand VII pour que l'occupation ne se prolongeât pas au-delà. Ceuta convenait à l'Angleterre, qui en eût fait promptement un autre Gibraltar. « Notre puissance sur le détroit serait complète, disait encore, il y a peu d'années, l'un de ses écrivains, Richard Ford, complète, excepté pendant les brouillards. »

L'Espagne s'est tenue pour avertie ; elle n'a pas porté ses vues si haut que le progrès de l'Evangile sur la terre africaine. Elle a cherché uniquement à assurer à ses possessions un territoire respectable, à faire de Ceuta une place redoutable qui, en cas d'insuccès, ne puisse lui être ravie *. Nous ne voulons pas croire que Ceuta soit le gage espéré de services rendus ; mais cependant, si nous devions ajouter foi à la plupart des correspondances du midi de l'Espagne, ce ne serait pas pour rien que des canons tirés, dit-on, des casemates de Gibraltar, auraient été envoyés à Tanger pour en armer les remparts ; ce ne serait pas pour rien qu'il se serait trouvé 10,000 fusils sur un navire anglais capturé le 16 octobre, en vue des côtes marocaines, par un croiseur espagnol ; ce ne serait pas pour rien que des officiers anglais, descendus à peu de distance de Ceuta en compagnie de deux personnages marocains, seraient

---

* Il est intéressant de dire, au moment où s'imprime le présent volume, que les remparts de Ceuta viennent d'être pourvus de canons à longue portée. (G. de L.)

venus tracer sur le terrain des plans d'attaque et de défense. — L'Espagne ne perd pas de vue, sans doute, la déclaration du *Morning Herald :* « que l'Angleterre ne permettra jamais qu'aucune puissance européenne s'établisse d'une manière permanente sur la côte Nord de l'Afrique. »

Ceci nous amène à rappeler, avec M. Jules David*, que lorsque le monde entier accueillait par un concert de félicitations la nouvelle des résolutions de l'Espagne, qui rattachait à la répression de son injure personnelle l'anéantissement de la piraterie, une seule voix troubla cet accord : ce fut la voix de la presse anglaise.

C'est que l'Espagne n'a jamais perdu de vue Gibraltar, pris par surprise par sir Georges Rooke, en 1704; ni Cadix souvent menacé; ni le Ferrol, sauvé seulement par la tempête du coup de main du général Pultney, en 1800; ni Ceuta *préservé* en 1811 par sir Colin Campbell. Ce sont là, pour l'Espagne, des avertissements qu'elle ne saurait méconnaître.

« Il doit pourtant suffire au gouvernement britannique, ajoute M. J. David, d'avoir conquis, il y a 150 ans, un rocher escarpé que la nature avait donné à l'Espagne, et dont il a fait un foyer de contrebande. »

* *Revue des Deux-Mondes,* décembre 1859.

CEUTA ET TANGER

Novembre 1859.

Avant l'invasion de l'Espagne par les Maures, Ceuta, capitale de la Mauritanie tingitane, appartenait aux Goths. C'est de là que partit le signal des malheurs de la Péninsule et de la chute de sa monarchie. La légende rapporte que le comte Julien en était gouverneur pour le roi Rodrigue, et lorsque celui-ci eut séduit la fille du comte, Ceuta, livré aux Maures, devint le port où s'embarquèrent toutes ces hordes qui ne se contentèrent pas de la conquête de l'Espagne, et qui traversèrent les Pyrénées pour envahir la Narbonaise et la France.

Ce fait indique à quelle époque éloignée remonte, pour l'Espagne, la propriété de Ceuta ; mais pendant de longs siècles, l'Espagne, aux prises avec la domination arabe, reconquéran. à grand peine et pied à pied ses provinces autrefois chrétiennes, les Castilles, Valence, Cordoue, Séville, voyant la plus riche partie de l'Andalousie fièrement gardée par les rois de Grenade, n'avait encore ni ports ni marine sur ses côtes du sud et ne pouvait songer à revendiquer sa forteresse perdue. Ce fut le Portugal, cette nation intrépide et entreprenante, avide de découvertes et de possessions lointaines, qui, après avoir, la première, chassé l'infidèle de tout son territoire, arma des flottes pour le poursuivre jusqu'en Afrique, et vint assiéger Ceuta, près de quatre-vingts ans avant la conquête de Grenade.

Jean Ier quitta le port de Lisbonne le 25 juillet 1415, avec trente-trois gros vaisseaux de ligne, vingt-sept galères à trois rangs de rames, trente-deux galères à deux rangs et cent vingt autres bâtiments.

Les mêmes effets se reproduisent aujourd'hui à quatre siècles de distance, avec les mêmes causes qu'à la date indiquée ci-dessus. « Alors, en effet, les souverains, dit M. le chevalier de Vasconcellos, s'émurent d'armements si considérables et envoyèrent des ambassadeurs au roi Jean. La flotte se dirigea vers le détroit. résista à une tempête qui menaça de la disperser, ne s'arrêta point devant la *misérable bourgade* de Gibraltar. et cingla vers Ceuta. A la fin d'août, la ville musulmane devenait une place portugaise, un siège épiscopal, et Jean Ier ajouta à son titre de roi de Portugal et de l'Algarve, celui de *seigneur de Ceuta.* »

La prise de cette place ouvrit pour le Portugal une série d'exploits maritimes ; don Duarte, fils de Jean Ier, organisa une croisade contre les infidèles d'Afrique, et essaya d'enlever Tanger, en 1437, avec une armée de deux mille cavaliers, mille archers et mille fantassins à laquelle les Arabes opposèrent des troupes nombreuses. L'entreprise manqua ; l'Infant don Henri, qui la dirigeait, fut obligé de promettre la restitution de Ceuta, et laissa en ôtage son frère don Ferdinand. Mais les Cortès portugaises refusèrent de ratifier cette convention, et le malheureux prince mourut captif à Fez, après six ans de souffrances inouïes.

Ceuta, si chèrement payé, resta donc au pouvoir du Portugal, qui continua ses incursions en Afrique, conquit des places et des territoires, jusqu'à l'époque malheureuse où le chevaleresque don Sébastien, prenant parti pour l'un des prétendants qui se disputaient le trône du Maroc, partit, en 1578, avec des renforts espagnols et allemands, pénétra imprudemment dans l'intérieur du pays pour atteindre Larache, et rencontra l'armée ennemie à Alcacerquivir. Le combat fut mal engagé ; les Portugais furent culbutés, battus, dispersés, et don Sébastien disparut dans la mêlée avec Muley-Hamed, son allié.

Le Portugal échut à Philippe II d'Espagne peu après la mort de don Sébastien ; c'est alors que Ceuta, qui seule nous occupe en ce moment, devint possession espagnole.

Lorsqu'en 1640 le Portugal eut échappé, par une révolution, aux mains incapables de Philippe IV, le gouverneur de Ceuta refusa de rendre la place, qui resta à l'Espagne et qui lui fut régulièrement cédée par le traité de paix conclu, en 1658, entre les deux royaumes. Les Maures l'inquiétèrent souvent, l'assiégèrent avec des forces imposantes à plusieurs reprises, notamment en 1727 et en 1790 ; mais l'Espagne l'occupa sans interruption jusqu'à l'époque de l'invasion française dans la Péninsule.

Alors, dit un écrivain que nous avons déjà

cité, Richard Ford, la négligence et l'incapacité des juntes de gouvernement étaient telles, que Ceuta serait facilement tombé entre les mains des Français ou des Maures. — L'occasion était trop bonne pour que sir Colin Campbell, qui commandait à Gibraltar, négligeât de la mettre à profit. Il fit embarquer 500 hommes et les envoya dans les eaux de la forteresse, qui d'abord refusa de les recevoir. C'est alors que Fraser, qui les commandait, prononça ces mots restés historiques : « *Ceuta must be preserved* » et pénétra à peu près de force dans la place.

Lorsque l'issue de la bataille des Arapiles, fatale pour les armes françaises, eût rendu quelque confiance à l'Espagne, les Cortès de Cadix s'aperçurent du danger et votèrent une loi qui défendait de recevoir un seul soldat étranger dans une garnison espagnole. Les Anglais firent la sourde oreille, protestèrent contre les « indignes soupçons, contre les imputations injurieuses dont ils étaient le but, » alléguèrent que les seules places que les Français n'eussent pas prises étaient celles que les Anglais avaient secourues, et ils gardèrent Ceuta. Il fallut, comme nous l'avons déjà dit, la demande formelle de Ferdinand VII, pour que les libérateurs de Ceuta consentissent à la restituer.

Richard Ford disait aussi : « Ceuta devrait appartenir, *comme cela le fut autrefois,* aux possesseurs de Gibraltar. » L'examen historique auquel nous venons de nous livrer permet d'apprécier la valeur de cette revendication.

Il en est à peu près de même de certaines prétentions sur Tanger qui seraient, à la rigueur, moins illégitimes.

Tanger fut longtemps au nombre des possessions du Portugal ; la conquête de cette place remonte aux expéditions aventureuses dont nous avons parlé. En 1659, après le traité des Pyrénées, l'Espagne, en paix avec toute l'Europe, menaçait d'écraser ses voisins de la Péninsule, qui se placèrent sous l'égide de l'Angleterre, en donnant pour femme à Charles II l'infante Catherine, fille du roi Jean IV. A l'occasion de ce mariage, l'Angleterre promit un secours de 3,000 fantassins, 1,000 chevaux et huit frégates, et le Portugal donna en dot à l'infante, Bombay et Tanger. Mais déjà l'Angleterre portait plus haut ses visées ; sous le règne de Philippe II d'Espagne, le comte d'Essex avait essayé de surprendre le Ferrol ; plus tard, Cromwell avait pressenti l'importance de Gibraltar ; Tanger était trop peu de chose et on l'abandonna. Les Portugais réclamèrent, demandèrent que la place leur fût rendue plutôt que d'être livrée aux Maures ; la politique de Charles II s'y refusa.

Qui sait si les maîtres de Gibraltar ne feraient pas valoir aujourd'hui cette concession, qui remonte à deux siècles, pour réclamer sur la côte africaine une compensation qui fût mieux à leur convenance ?

ALGECIRAS

Novembre 1859.

Algeciras, aujourd'hui le centre de l'organisation de l'armée expéditionnaire, est une ville de 11,800 habitants, située vers le milieu de la côte O. de la baie de ce nom, vaste espace elliptique de deux lieues marines de profondeur sur une lieue 1/4 de largeur, qui débouche sur le détroit, et que limitent à l'E. les hauts rochers de la pointe d'Europe au pied desquels est bâti Gibraltar. Algeciras forme, à l'embouchure de la rivière la Miel, un petit port avec un bon fond, dans une excellente position maritime, mais peu fréquenté. Il y vient, année moyenne, une soixantaine de navires étrangers, et le mouvement moyen du cabotage représente environ 500 navires apportant à l'entrée pour 3 à 4 millions de réaux de marchandises, et chargeant à la sortie une quantité à peu près égale. Par sa position topographique Algeciras devrait être l'une des villes les plus importantes d'Espagne, mais il lui manque un port, et il ne s'agirait que de profiter des nombreuses ressources que la nature semble y avoir accumulées à dessein. Il y a à Algeciras, comme malheureusement dans tous les ports d'Espagne, un aveu d'impuissance et de pénurie qu'il est pénible de constater. On se plaint, on récrimine, mais on ne fait pas ce que prescrivent, de préférence à tout, l'honneur et la vieille renommée du pays. Gibraltar est en face à 1 lieue 1/2. Les Espagnols ont devant les yeux l'exemple de ce que peut produire une nation active et intelligente; les Anglais ont fait de Gibraltar une forteresse redoutable, inabordable, hérissée de canons; mais ils n'ont pu encore y faire un bon port servant de refuge aux nombreux navires qui passent le détroit, et qui viennent souvent, ou attendre dans la baie un vent favorable, ou s'y mettre à l'abri des vents contraires. La nature a donné à Algeciras tout ce qu'il faut pour remplir ce but. Un fond excellent, des lignes de roches qui permettraient d'asseoir sans d'énormes frais les assises d'un port et d'un môle, des carrières de belles pierres et des matériaux dans tous les pays voisins. Ce serait un immense service rendu à la navigation.

« Après ces motifs d'utilité et de convenance, a dit un des hommes d'Etat les plus considérables de l'Espagne, il faut invoquer l'honneur et la dignité de notre nation. Lorsqu'à côté de nous les Anglais font sans cesse à Gibraltar des travaux nouveaux, travaux de luxe maintenant plutôt que de nécessité, nous devrions au moins éviter tout ce qui rend notre misère plus évidente. Faut-il dire qu'on ne peut pas même amarrer une chaloupe à ce qu'on appelle le môle d'Algeciras, et qu'il y a quelques années, il fallut en improviser un en bois pour recevoir le gouverneur de Gibraltar qui venait rendre visite au chef de la division maritime? »

LE FERROL

Novembre 1859.

Le Ferrol, où l'Espagne fait aujourd'hui une grande partie de ses armements, n'était, avant 1730, qu'une bourgade occupée par des caboteurs et des pêcheurs. Lorsque la grande expédition, si bruyamment et si coûteusement organisée par Philippe II contre l'Angleterre, eût fatalement été dispersée par la tempête, le hasard, qui en avait d'abord rallié quelques débris à Lisbonne, les conduisit ensuite au Ferrol dont on apprécia tout aussitôt les ressources naturelles. Le comte d'Essex, envoyé avec la flotte anglaise pour prendre Cadix, tenta de poursuivre au Ferrol les restes de la *grande armada*, et craignit de s'engager dans les passes difficiles qui en protègent la baie. Cet incident ouvrit les yeux sur l'importance de ce port ignoré.

Philippe II prescrivit tout aussitôt quelques premiers travaux, que l'état de guerre et mieux encore la décadence où se trouvait la monarchie espagnole ne permirent pas de conduire bien loin.

Le projet sommeilla près de deux siècles; ce fut Ferdinand VI qui le mit à exécution, et, après lui, Charles III, dont le nom se rattache à tout ce qui est monumental dans les institutions modernes de l'Espagne.

Le port du Ferrol, presque uniquement militaire, et où ne sont pas admis les navires du grand commerce étranger, est un des plus sûrs de l'Espagne. Sa position naturelle est déjà des plus fortes, et l'art y a ajouté des travaux qui peuvent le rendre inexpugnable. Le port est peu abordable du côté de terre, en cas de débarquement vers le cap Priorio, en raison de la nature du terrain, très accidenté, qui s'étend entre ce camp et la ville. Le sol ne permet pas de pratiquer des tranchées pour un siège en règle.

L'enceinte est parfaitement fortifiée; elle est, en outre, admirablement défendue par la position qu'elle occupe; il faut, pour y arriver de la mer, s'introduire dans un goulet hérissé de batteries, qui a près d'une lieue de longueur, et qui peut même être fermé par une estacade.

Le goulet franchi, on pénètre dans une baie magnifique, au fond de laquelle est la petite embouchure du Jubia, et, au milieu du rivage nord, la ville de Ferrol, avec ses immenses bassins, ses magasins considérables, son arsenal, ses ateliers, ses fonderies, ses douze cales de construction en pierre de taille, ses chantiers qui occupent un espace de près de cent mille mètres carrés.

La belle position du Ferrol et l'importance des établissements qui y furent construits ne laissèrent pas que d'alarmer le gouvernement anglais. Lord Chatam proposa d'attaquer la place et de la détruire; mais on se rappela la tentative infructueuse du comte d'Essex, et on ajourna.

Pitt reprit le projet de lord Chatam, son père; il vint, en 1776, visiter le Ferrol en simple voyageur; il rentra en disant que si l'Angleterre possédait sur ses côtes un semblable port, elle devrait l'entourer d'une muraille d'argent. Devenu ministre, il s'occupa d'organiser une tentative. La flotte qui s'armait pour l'expédition d'Egypte lui en fournit l'occasion; elle eut ordre de commencer ses opérations en surprenant le Ferrol.

L'amiral Warren se présenta en vue des côtes le 25 août 1800, avec 108 navires de guerre ou de transport et 15,000 hommes de débarquement, sous les ordres du général Pultney. 10,000 hommes débarquèrent sur la plage de Daninos, à 8 kilomètres de la ville, et trouvèrent sans défense la batterie qui protégeait cette plage.

Personne n'était prévenu au Ferrol; l'abandon y était tel qu'il n'y avait pas un canon sur affût dans la place ou dans les forts de la rade; point d'approvisionnements, à tel point qu'on fut obligé, trois heures après le débarquement, d'acheter à crédit, chez les marchands de la ville, du papier pour faire des cartouches, et des pierres à fusil.

Dans la baie du Ferrol étaient cinq vaisseaux et quatre frégates; on fit venir à terre leurs équipages, on y réunit le peu de soldats que renfermait la place et on parvint à composer un corps de 1,800 hommes environ. Ce corps poussa une reconnaissance; il fut vigoureusement ramené et rentra dans la place. Les Anglais, au lieu de le suivre, occupèrent *la Grana*, village situé à côté du Ferrol, dans la baie, et dirigèrent leurs efforts contre le château de San-Felipe qui commande la passe. Le château n'avait pas de garnison, pas d'artillerie, pas d'approvisionnements; on y envoya à la hâte quelques travailleurs de l'arsenal et on pourvut de même à la défense des châteaux de San-Martin et de la Palma, qu'on fit soutenir par six chaloupes canonnières. On envoya des estafettes sur la route de Lugo, et quelques détachements de grenadiers et de chasseurs provinciaux accoururent pour soutenir la garnison.

Au milieu de cette alerte générale, le baromètre annonça un changement de temps; la flotte anglaise, exposée sur toute cette côte sauvage, qui du cap Ortégal au cap Villano n'offre pas un point de refuge, rappela ses troupes et prit le large. Une tempête survint le lendemain, et la plus grande partie de la flotte y eût péri, si elle avait été surprise auprès de la côte.

Sans une saute de vent, le Ferrol aurait eu le sort de Gibraltar.

L'ARMÉE MAROCAINE

Novembre 1859.

En présence de la guerre qui est sur le point de commencer entre l'Espagne et le Maroc, nous pensons qu'on ne lira pas sans intérêt quelques détails sur les forces militaires de ce dernier pays.

L'armée marocaine, en temps de paix, est peu considérable ; elle ne dépasse pas 30 à 35,000 hommes, et dans ce nombre, il faut compter la garde de l'empereur. Mais, lorsque survient une guerre offensive ou défensive, le souverain fait appel aux gouverneurs des provinces ; ceux-ci convoquent les tribus placées dans leurs circonscriptions et sur lesquelles leur action n'est pas impuissante. Alors, à l'armée ordinaire, viennent s'adjoindre des corps irréguliers, d'autant plus nombreux que le fanatisme des populations aura été plus surexcité.

Ces corps ne reçoivent pas de solde, mais ils se nourrissent sur le pays, qu'ils dévastent et qu'ils pillent. L'empereur, si les difficultés intérieures ne paralysaient pas ses efforts, et s'il parvenait à faire prêcher partout la guerre sainte, pourrait réunir autour de lui une armée d'au moins 300,000 hommes, composée en très grande partie de cavaliers. Les circonstances au milieu desquelles il se trouve ne permettent pas de penser qu'il puisse atteindre aujourd'hui un semblable résultat.

L'effectif de l'armée ordinaire entretenue par l'empereur Abd-er-Rahman, était de 35,000 hommes, sur lesquels on comptait 12,000 réguliers, ou soldats d'infanterie organisés avec beaucoup de soin, après la bataille d'Isly, par Sidi-Mohammed, qui les a toujours commandés depuis; le reste comprenait 16,000 hommes de la garde noire, 4,500 cavaliers maures, et 2,500 hommes d'artillerie. Le nouveau souverain, depuis qu'il est placé à la tête du gouvernement, a augmenté, dit-on, de 15,000 hommes son armée régulière, créé des bataillons de chasseurs à pied munis d'armes de précision, de nouvelles troupes d'artillerie, et de nouveaux corps de boukharis, ou soldats noirs.

Quant aux corps auxiliaires, il est impossible encore de prévoir la nature du concours qu'ils prêteront à l'empereur contre l'Espagne. Jusqu'ici les Kabyles seuls ont répondu à son appel et leurs hordes déjà ont paru à Tanger, à Rabat et à Tétuan; mais il est bon d'ajouter que ces races, très nombreuses, habitent le royaume de Fez, théâtre de la guerre, et que, par conséquent, leur adhésion a dû se manifester la première.

On assure que Sidi-Mohammed fait en ce moment de grands efforts pour éteindre l'hostilité des Chelloks, qui habitent les montagnes des environs de Tafilet et de Souze, celle des Amazirks, qui se sont fixés aux environs de Tarodant, et celle des Touaregs, répandue sur la limite du désert de Sahara. Ces peuplades ont toujours été opposées à son père, qui, vers la fin de sa vie, a cherché inutilement à les soumettre. Les Maures, qui habitent les campagnes, et principalement ceux du royaume de Fez, lui sont en général favorables. Les Maures constituent le peuple le plus nombreux de tout l'Empire. On les regarde comme les descendants des Mauritaniens mélangés avec les Phéniciens, les Romains, les Arabes et les Andalous qui descendent des Arabes, chassés autrefois de l'Espagne. Ces différences d'origine expliquent les différences de caractères qui existent parmi eux, mais où domine pourtant l'élément autochtone, celui de ces indomptables peuples de l'antique Mauritanie que les Romains ne purent jamais soumettre complètement. Ceux des villes, adonnés au commerce et à l'industrie, familiarisés avec les Européens, auraient préféré la paix à la guerre qui lèse d'une manière grave leurs intérêts; mais ceux des campagnes, plus fanatiques et plus remuants, sont favorables à la guerre, et paraissent disposés à soutenir le chef actuel du gouvernement.

Le *Gibraltar-Chronicle* a évalué à 44,000 chevaux la cavalerie de l'armée marocaine. Le journal anglais porte aux Africains une très vive sympathie, et celle-ci se traduit sous toutes les formes; les nouvelles que le télégraphe apporte de Ceuta à Algéciras se transforment du blanc au noir en passant d'un côté à l'autre de la baie; bravoure, habileté, tactique, enthousiasme, sont vertus marocaines ; maladresse, ignorance, déception, imprévoyance, découragement, sont le fait de l'armée espagnole.

Il n'est pas un seul cœur chrétien, à Gibraltar, qui batte en faveur de la cause de la civilisation. Un simple fait, rapporté par une correspondance, démontre quel est l'état des esprits au pied du rocher de Calpe et dans les habitations de la pointe d'Europe : Un aveugle criait dans les rues, le 10 décembre, le journal d'Algéciras et l'affaire du 9 ; il ne vendait que peu d'exemplaires et trouvait peu de gens sensibles au succès des Espagnols. Une idée lui vint à l'esprit ; il changea de formule et se mit à annoncer : « Le grand combat dans lequel les Maures ont mis les Espagnols en déroute. » Il ne lui restait pas une feuille au bout de cinq minutes.

« Qu'est-ce, après tout, que la cavalerie maure ? reprend la *Gacela militar*, à propos des 44,000 chevaux de l'armée ennemie. Nous ne sommes plus au temps où ces habiles cavaliers célèbres sous le nom de Numides, lançaient à l'infanterie romaine leurs javelots, qui frappaient à coup sûr. Nous ne sommes plus au temps où, couverte de riches armures, elle dispersait les guerriers goths sur les bords du Guadalète. C'est en vain que les Berbères demandent un champ clos pour leur cavalerie. Ils ne courront plus les plaines de Grenade ni les campagnes de la Castille. Ils ne verront plus leur Alhambra. »

LES PRÉPARATIFS

Novembre 1859.

Les correspondances annoncent que les corps de troupe destinés à l'expédition contre le Maroc sont en marche de tous les points de la Péninsule. Le 28 octobre, deux bataillons de chasseurs et un bataillon d'artillerie à pied sont partis de Madrid, en même temps que les équipages du maréchal O'Donnell. D'autres troupes ont été envoyées de Barcelone, de Valence et de Séville.

L'enthousiasme le plus grand règne dans toutes les classes de la société. La Reine a donné l'exemple en prononçant, à l'un des derniers conseils des ministres, des paroles qui ont vivement touché les cœurs : « Il faut estimer et vendre tous nos joyaux, a-t-elle dit. Il faut disposer sans réserve de mon patrimoine particulier, pour le bien et la gloire de nos enfants. Une humble parure brillera plus à mon cou qu'un collier de diamants, si ceux-ci peuvent servir à défendre et à élever la renommée de l'Espagne. »

La reine fait broder un drapeau avec l'image de la Vierge ; les dames de Madrid font des bandes et de la charpie pour les blessés ; de toutes parts arrivent des offrandes patriotiques. On cite un riche cultivateur d'Utrera, dans l'Andalousie, qui s'est engagé à entretenir à ses frais, pendant la durée de la campagne, une compagnie de cent hommes.

Cucharès, l'un des plus célèbres toréadors de l'Espagne, possesseur d'une fortune considérable, a offert cent bœufs et trois cents moutons. Les étudiants de Valence se sont cotisés pour fournir des cigares aux soldats qui s'embarquent dans ce port. Les Barcelonais ont ouvert une souscription pour faire les frais du matériel d'un hôpital pour les blessés convalescents.

Les offres, les dons, les souscriptions continuent dans toute l'Espagne; les formes en sont très variées et le chiffre considérable. La banque de Séville a voté un prêt de quatre millions de réaux, la moitié de son capital social; Burgos prête un million, et vote un don de 6,000 réaux au soldat qui prendra le premier canon ennemi, et pareille somme au marin qui contribuera le plus à la capture du premier navire. Les votes de ce genre sont très nombreux : la ville de Gijon donnera les insignes des six premières décorations de Saint-Ferdinand méritées par les combattants, et les pensions afférentes aux grades des décorés; la Puebla de Sanabria alloue quatre réaux par jour au premier blessé; Leon donne deux drapeaux et soixante bœufs; Cordoue trente chevaux andalous et six pensions de blessés, etc.

Les préparatifs sont nombreux et bien conçus; la guerre excite en ce moment un enthousiasme indicible parmi les populations braves et loyales de ce pays, qui a toujours conservé

au fond du cœur le souvenir de ses glorieux
ancêtres et de leurs luttes séculaires contre les
Maures ; mais, nous le répétons, il importe
d'éviter que cette expédition n'aille au-delà des
proportions en vue desquelles elle a été entreprise, et que les hostilités ne s'engagent pas
avec l'intérieur du pays, car alors la guerre
pourrait se prolonger indéfiniment et entraîner
l'Espagne plus loin qu'elle ne veut aller.

L'armée, brave et disciplinée, réussira très
probablement dans l'attaque des ports du littoral marocain ; mais si la paix ne se fait pas, une
fois ce premier succès obtenu, il faudra, pour
contraindre l'empereur à traiter, s'avancer dans
l'intérieur et combattre un ennemi qui, alors
même qu'il serait continuellement battu, repa-
raîtrait sans cesse après ses défaites.

On a construit dans l'arsenal de la Carraca,
au fond de la baie de Cadix, vingt-quatre canonnières armées d'obusiers de 22 centimètres
et de canons de 32 ; cette escadrille offensive,
que complètent 30 bateaux plats de 18 mètres de
long, des barques, des pontons de toute forme,
attend la remorque des bateaux à vapeur, massée dans le canal de Santi Petri, à l'est de
Cadix. Une belle frégate, *Princesa de Asturias*,
vient de compléter son armement au Troca-
déro. Les bateaux plats peuvent porter 200 hommes et tirent un demi mètre d'eau. L'équipage
de siège est également tout prêt, sous les murs
de la Carraca. Vingt navires de guerre, dont
seize à vapeur, plus dix transports, sont destinés au passage des troupes et aux opérations,

dont le p.an est complètement inconnu, malgré les indications de quelques journaux.

Le corps de santé militaire en Espagne a reçu tout récemment une nouvelle organisation. Les médecins et pharmaciens du grade inférieur (*de intrada*) reçoivent une solde de 6,600 réaux (1,736 fr.); les aides majors ou adjudants en second, 8,000 réaux ; les adjudants en premier, 12,000 ; les médecins et pharmaciens en premier, 16,800 ; les médecins et pharmaciens-majors, 19,300; les inspecteurs, 36,000 ; le directeur général du service de santé, 60,000.

La *Gaceta militar* donne la description suivante de l'uniforme du contingent de 3,000 hommes, les *zouaves-basques*, volontairement fourni par les trois provinces-sœurs : veste bleue à brandebourgs, manteau-capote à capuchon, havre-sac en toile, pantalon rouge large, retenu à mi-jambe par une guêtre de cuir, souliers lacés; carabine et baïonnette-sabre; berret blanc pour les Biscayens, bleu pour les Alavais, rouge pour les Guipuzcoans.

L'organisation de la légion basque continue dans les trois provinces. Celle de Biscaye alloue à chaque volontaire 4,000 réaux, payables, moitié au moment de l'incorporation, moitié lors de la sortie des provinces ; plus, une solde journalière de 6 réaux pour les soldats, 7 pour les caporaux et 8 pour les sergents, outre les rations, une fois en campagne. La députation provinciale du Guipuzcoa alloue à ses enrôlés 2,500 réaux, dont 500 payables au moment de l'engagement et 2,000 au retour de l'expédition.

LES PREMIÈRES NOUVELLES

Décembre 1859.

Les nouvelles de Madrid vont jusqu'au 21 novembre. Elles apprennent que le premier corps s'était embarqué le 18, dans la baie d'Algéciras, et avait opéré d'une manière heureuse, malgré l'état de la mer, son débarquement près de Ceuta. Le général Echagué, qui commande ce corps d'armée, avait enlevé le 19, la position du Serrallo, et faisait reconnaître le terrain qui entoure la place.

L'armée que l'Espagne envoye en ce moment en Afrique est placée, nous l'avons dit déjà, sous le commandement en chef du maréchal O'Donnell, comte de Lucena. Il a pour chef d'état-major général le général Don Luis Garcia. Cette armée se compose de trois corps d'armée et d'une division de réserve.

Le premier corps est commandé par Don Rafael Echagué, lieutenant-général ; le second corps par Don Juan Zabala, comte de Parcedès de Nava, lieutenant-général, et le troisième par Don Antonio Ros de Olano, lieutenant-général. La division de réserve, devenue 4ᵉ corps, est placée sous les ordres de Don Juan Prim, comte de Reus, lieutenant-général.

Le premier corps se compose de douze bataillons, dont six de chasseurs à pied pourvus d'armes de précision ; le deuxième et le troisième corps comprennent deux divisions d'infanterie chacun, plus, l'artillerie réglementaire. La division de réserve, qui doit être employée spécialement aux travaux de siège, comprend une brigade d'infanterie de ligne et une brigade de troupes du génie. Il y a, en outre, une division de cavalerie et un parc de siège. Cette armée, en comprenant tous les corps de troupes et les services divers, présente un effectif total de 45,800 hommes. Quoique le climat du Maroc ne diffère pas beaucoup de celui de l'Espagne, le gouvernement de la Reine a pris, au point de vue de l'hygiène, toutes les mesures nécessaires pour assurer la santé des troupes.

A la suite de cette organisation, le gouvernement a prescrit la formation d'un nouveau corps de réserve (5e corps), qui se compose de 12,000 hommes de toutes armes.

Voici en quels termes, dans un ordre du jour, le général Ros indique aux troupes sous ses ordres la tactique qu'elles ont à suivre dans « l'accomplissement de ce devoir traditionnel et historique : *la guerre contre le Maure.* »

« Pour que votre succès soit toujours assuré, observez tous la grande maxime de la discipline militaire ; opposez un silence absolu aux cris de ces barbares ; résistez-leur, en troupe compacte, avec toute la régularité de la tactique ; que personne n'oublie, dans l'ordre serré, de voir le guide et de sentir les coudes ; que nos chasseurs ne perdent jamais de vue leur réserve ; qu'ils chargent lentement leur arme, qu'ils visent sûrement, qu'ils ne tirent qu'à propos, n'oubliant jamais qu'un grand feu n'est autre chose que beaucoup de bruit...

» Avec ces conditions, la baïonnette aura peu à faire ; cependant, si l'ennemi vient à vous présenter une masse profonde, chargez promptement. Vous aurez en ce genre de combat la supériorité sur votre ennemi, car vous possédez à la fois l'œil et l'agilité de l'Arabe, le bras et la jambe du Goth, l'intelligence et le cœur du Romain... »

Le quatrième corps, commandé par le général Prim, occupe Algéciras et le camp de San-Roque. Cette dernière position, limite extrême du territoire espagnol en avant de Gibraltar, n'est séparée de la forteresse anglaise que par une langue de sables, que la mer, depuis une vingtaine d'années, a rendue de plus en plus étroite.

San-Roque, dont les feux pourraient se combiner avec ceux d'Algéciras pour la protection de la baie, est une petite ville de 7 à 8 mille habitants, dont la fondation date de l'époque où Gibraltar a cessé d'appartenir à l'Espagne.

Le Serrallo, enlevé le 19 novembre, était autrefois, dit M. de Mazade, un vaste et magnifique palais Maure, un Alhambra. C'est une espèce de campement fortifié que défendaient 800 Maures du Riff. Au-delà, s'étend une immense forêt qui couvre les premiers versants d'une haute chaîne de montagnes, la Sierra de Bullones, où s'engage la route de Ceuta à Tetuan. 700 bombes ont été trouvées au-delà du Serrallo ; ce sont des projectiles neufs, que les Maures n'avaient pas eu le temps de transporter dans l'intérieur, et l'armée espagnole paraît s'attendre à trouver dans la montagne d'autres dépôts non moins importants, récemment débarqués.

Lors des dernières nouvelles, le mauvais temps, qui avait rendu presqu'impossible, pendant plusieurs jours, la traversée du détroit, et qui s'opposait à l'immersion du câble électrique qu'on doit placer, pour la plus grande rapidité des communications, entre Algéciras et Ceuta, paraissait près de cesser.

Une dépêche télégraphique, datée de Madrid, le 26 novembre au soir, annonce qu'une attaque a été dirigée par un corps de 4,000 Marocains contre les retranchements espagnols du Serrallo. Le général Echagué a repoussé l'ennemi dans sa tentative de couper les communications entre les retranchements et le quartier général. Le combat a été très rude. Les Maures ont éprouvé une perte considérable ; les Espagnols ont eu 80 morts et 400 blessés. Les troupes espagnoles ont fait preuve d'une grande bravoure.

La position du deuxième corps paraît avoir été fort critique pendant les premiers jours qui ont suivi son débarquement ; il s'est trouvé un instant, par le fait des mauvais temps qui régnaient sur le détroit, privé de vivres, usant presque toutes ses munitions pour se défendre ; et sans communications avec l'Europe. Il paraît démontré maintenant que les bandes marocaines, qui ont essayé, le 25 novembre, de reprendre la position du Serrallo, dépassaient de beaucoup l'effectif de 4,000, accusé par le rapport du général Echagué, et que les pertes du premier corps ont été supérieures au chiffre que nous avons donné.

Le régiment de Bourbon, entraîné par son colonel dans une espèce de défi d'amour-propre jeté à l'infanterie par les bataillons de chasseurs, se serait imprudemment aventuré au-delà des tranchées et aurait été entouré par une multitude d'assaillants. C'est alors que le général Echagué comprenant, comme le dit son rapport, qu'il était du plus grand intérêt qu'il se portât en avant, accourut au secours du régiment de Bourbon avec le général Gasset et deux bataillons de chasseurs. Bourbon a laissé sur le sol de nombreux cadavres, et l'on parlait de trente-six officiers hors de combat, parmi lesquels le colonel, M. Caballero de Roda, dont les blessures sont très graves.

Les généraux se sont noblement conduits. Echagué a eu son cheval tué et la première phalange de l'indicateur de la main droite broyée par une balle ; il a fallu faire l'amputation.

Les Maures se sont retirés dans la Sierra de Bullones ; leur mouvement de retraite ou de concentration a été déterminé par le débarquement successif, autour de Ceuta, du deuxième corps, avec lequel se trouvait le général en chef O'Donnell, et du corps de réserve commandé par le général Prim. Il restait encore en Espagne, à Malaga et aux environs, le troisième corps sous les ordres du général Ros de Olano, et les politiques de Madrid se sont demandé comment il se faisait que le corps de réserve eût devancé son ordre de bataille.

L'armée paraît, du reste, destinée à attendre, dans la campagne de Ceuta, les résolutions du général en chef; l'offensive, dit une de ses dépêches, sera différée tant que la marine n'aura pas activé ses dispositions. Or, la marine, malgré toute l'activité qu'elle déploie, n'a pas une action complète sur les navires qu'elle a requis; *le Cid*, *le Balear* et quelques autres dont nous rencontrons les noms, sont des vapeurs de commerce attachés aux lignes qui desservent le littoral, et ils ne manœuvrent pas tous avec la plus grande activité.

Cette apparente inculpation, adressée à la marine espagnole par le maréchal O'Donnell, a donné un plus grand relief encore à la vigoureuse riposte envoyée par trois navires de guerre français aux forts de la rivière de Tetuan. Ils passaient à une petite portée de la côte; l'un des forts tira à boulet sur le *Saint-Louis*. L'amiral Romain Desfossés répondit par une canonnade qui donna une rude leçon aux assaillants. « On ne saurait décrire, dit une lettre de Madrid, l'effet produit ici par cet acte d'énergie ».

Les faveurs et les récompenses ont déjà

commencé à pleuvoir, selon les engagements pris de toutes parts, sur les soldats blessés à l'attaque du Serrallo. Le premier est un chasseur du régiment de Madrid, nommé Nicolas Hernan; il a reçu, de la reine, son congé absolu, une pension sur la cassette royale et la croix de Marie-Isabelle-Louise, pensionnée à 10 réaux par mois. On nous donnera sans doute, un jour, le relevé des dons de toute espèce qui ont été votés d'avance à cet heureux soldat par un grand nombre de villes de la Péninsule. Six chasseurs du bataillon de Catalogne viennent après le soldat Hernan, et ne seront pas moins bien partagés.

Le même sentiment enthousiaste qui a accueilli les préparatifs de guerre s'est prononcé de toutes parts à la nouvelle du premier succès des troupes espagnoles en Afrique. Ce noble peuple, si longtemps illustre parmi les peuples guerriers, se réveille et s'exalte au bruit du canon et au parfum de la poudre. « La honte des luttes fratricides, dit un journal, s'efface de nos fronts, le champ nous est ouvert pour la régénération; l'abominable inertie qui nous reléguait à l'arrière-garde de la civilisation cède la place à une laborieuse activité; nous y gagnerons cette indépendance digne d'un peuple que la Providence a déjà tant favorisé. »

Dans ce besoin de régénération, dans ce désir de se relever de l'état de « prostration militaire » où elle se trouvait, l'armée espagnole accueille avec empressement et avec quelque légèreté selon nous, toutes les inventions qui se produisent, tous les engins qu'imaginent des industriels plus ou moins bien inspirés. Les bombes asphyxiantes, dont il a été un instant question au début de notre campagne de Crimée, se produisent de nouveau, réinventées ou perfectionnées par deux espagnols, qui, renonçant il y a un an à les *naturaliser* en Espagne, les avaient proposées au roi Victor-Emmanuel. La paix de Villafranca les renvoya dans les greniers des inventeurs; la guerre d'Afrique est venue fort à propos pour les en faire sortir. Les Maures en essaieront probablement, comme l'ont fait ces pauvres gallinacées, qu'on avait réunies dans une cour à Cadix, et qui sont toutes tombées sur le flanc en un clin d'œil.

Un autre engin, c'est la machine Baxeras, imaginée par un Catalan; elle nous paraît renouvelée de la machine Fieschi, de fatale mémoire. Elle s'ajuste à plusieurs canons à la fois et facilite le pointage, y met le feu au même instant, et permet de tirer avec chaque pièce de quatre à cinq coups par minute. Un fortin avec quatre hommes et quatre ou cinq de ces machines, pourrait, dit l'inventeur, commander tout un pays à une lieue à l'entour.

Viennent ensuite les échelles d'assaut. Un charpentier d'Alicante a inventé un modèle qu'il est allé présenter au maréchal O'Donnell. La municipalité d'Alicante lui a fourni les moyens de faire le voyage.

Le câble électrique destiné à relier Ceuta avec Algeciras, a dû arriver dans cette dernière ville. Il vient de Londres. Les appareils pour la correspondance étaient à bord du vapeur *Genova*, incendié dans le port de Malaga. Ce fatal accident met encore obstacle à la célérité des communications.

Nous trouvons dans un journal un ordre du maréchal O'Donnell, contenant, sur l'installation et la consigne générale de l'armée, des détails qui nous semblent dignes de l'intérêt de nos lecteurs.

Le quartier général de l'armée et ceux des différents corps se distinguent par des pavillons de couleurs variées, empruntées aux principaux ordres espagnols. Le pavillon national est affecté au grand quartier-général; — un pavillon bleu azur à l'état-major général; — au premier corps, les couleurs du ruban de Saint-Ferdinand, rouge avec liserés jaunes; — au deuxième corps, le pavillon aux couleurs de Saint-Hermenegilde, blanc et violet; — au troisième corps, les couleurs de Charles III, blanc avec deux bandes bleues; — au quatrième corps, celles de l'ordre d'Isabelle la Catholique, blanc et orange. — Le pavillon du camp de l'artillerie est violet, avec une bombe de couleur rouge; — celui de la cavalerie moitié blanc, moitié rouge; — celui de l'ambulance, jaune; — ceux de l'administration militaire, blanc avec une croix bleue; — des équipages et parcs, rouge; — du génie, vert avec un château blanc.

Voici maintenant quelques-unes des recommandations générales que renferme un autre ordre : il ne sera pas sans intérêt de les comparer avec nos dispositions de même nature sur le service des armées en campagne. Disons, d'abord, que ces préceptes sont d'une grande sagesse, et certainement inspirés par les enseignements de l'occupation française en Afrique :

« Nul, pendant les marches, ne quittera son rang ou le poste qui lui est assigné. On ne doit pas perdre de vue que les Arabes ne font pas de prisonniers, que tout individu pris par eux est martyrisé d'abord, tué ensuite sans pitié, et ses membres sanglants sont promenés comme des trophées dans les tribus sauvages. L'armée en marche est toujours entourée d'ennemis, qui guettent le moment où un individu s'éloigne, ne fût-ce que de vingt pas, pour l'enlever ou pour l'assassiner. Personne ne doit donc s'écarter, sous aucun prétexte, soit pour faire du bois, si ce n'est lorsque le pays est bien reconnu, et lorsque l'autorisation en est donnée par les chefs.

« On ne doit d'ailleurs aller isolément à aucun travail ; ce service doit se faire par bataillons, compagnies ou pelotons en armes, et celles-ci doivent toujours être à portée de la main.

« Les repas seront toujours terminés et les feux éteints à la nuit, afin de ne pas offrir un but aux coups de feu de l'ennemi.

« Jamais on ne placera une sentinelle isolée ; il doit toujours s'en trouver deux, à vingt pas au plus de distance, sur un même point ; la moindre patrouille sera de quatre hommes et un caporal.

« On respectera la vie et les propriétés des personnes qui recevront l'armée pacifiquement, surtout les vieillards, les femmes et les enfants. Il en sera de même, dans les combats, à l'égard des blessés et des prisonniers, lors même que l'ennemi se conduirait autrement. Un peuple civilisé et illustre comme le nôtre ne doit pas, même dans une guerre de justes représailles, imiter les instincts féroces des tribus sauvages qui peuplent le sol africain.

« Lorsqu'on rencontrera des puits ou des mares d'eau dormante, on aura soin d'y faire boire d'abord un chien ou quelque autre animal, afin d'éviter les accidents qui pourraient survenir si, par une cause naturelle ou artificielle, l'eau contenait quelque matière préjudiciable à la santé. Ces précautions sont inutiles avec les eaux courantes.

« Les peuples de cette partie de l'Afrique où l'armée va s'engager, ont pour coutume de courir au combat en poussant des cris étourdissants, espérant ainsi effrayer leurs ennemis. L'armée doit rester impassible et dédaigner ces rumeurs. Elle donnera d'abord, de cette façon, une preuve de sang-froid et de discipline; en même temps elle imposera à l'ennemi, que rien n'effraye autant que l'attitude imperturbable de ses adversaires. Silence donc dans toutes les circonstances, calme complet, résolution énergique d'exécuter tous les ordres des chefs, cette seule condition est la plus sûre garantie de la victoire.

« Les officiers qui commandent les tirailleurs, les chefs des différents corps, ne sortiront jamais des limites qui leur sont assignées et ne laisseront jamais leur troupe se démembrer. L'ennemi a coutume de se retirer à dessein pour se faire poursuivre, et lorsqu'il voit les détachements séparés de leurs soutiens, il tombe sur eux à l'improviste et les enveloppe. Il est toujours résulté, à la guerre, de grands malheurs de s'être laissé entraîner par un aveugle enthousiasme. Des punitions sévères atteindront quiconque, par oubli de cette recommandation, compromettra la force qu'il commande ».

Nous n'avons pas à commenter ces sages préceptes ; mais nous devons rappeler, cependant, que c'est en cédant à un fatal entraînement que le régiment de Bourbon s'est trouvé un instant dans une position critique, d'où le général Echagué, démonté et blessé, ne l'a tiré qu'en marchant lui-même à la baïonnette à la tête de deux bataillons. Disons encore que dans les divers engagements dont le récit nous est parvenu, les Espagnols ont marché au combat en répondant par les cris multipliés de *Viva España!* aux hurlements des bandes marocaines.

Une lettre écrite du camp de l'Otero annonce que le chemin de Tétuan est complétement reconnu. On aperçoit la ville à une distance de six milles, au milieu d'une campagne richement cultivée. L'armée est impatiente de

franchir cette courte distance. Malheureusement, elle est retenue à proximité des côtes
par l'état toujours déplorable de la mer, qui ne
permet pas la régularité des arrivages. Le troisième corps, commandé par le général Ros de
Olano, a été retenu quelques jours à Malaga,
dont le port, déjà gêné par un navire hollan-
dais naufragé en 1857, l'est encore par la car-
casse du *Genova*, récemment incendié.

Au Puerto-Real, dans la baie de Cadix, il
se trouve encore une quantité considérable de
bagages de la troupe, de l'état-major, des généraux, et des équipages, des chevaux d'officiers, des bêtes de somme, dont le départ est
ajourné au grand détriment des besoins de
l'armée. L'accusation portée contre la marine
par le maréchal O'Donnell, qui reprochait à
celle-ci les lenteurs qui entravaient les opérations, paraît avoir été renvoyée par la marine
au maréchal, à qui M. Herrera, commandant
général de la flotte, aurait dit, dans une assez
vive altercation : « Vous n'auriez pas dû ignorer
ce qui manque et ce dont il est besoin ».

S'il y a eu imprévoyance ou insuffisance de
moyens, il est à craindre, la tempête aidant, de
voir se renouveler, puisque les troupes débar-
quées sont plus nombreuses, les faits regrettables qui ont privé de vivres pendant deux jours
la division du général Echagué. On assure,
toutefois, que cinq navires à vapeur anglais
viennent d'être nolisés pour servir au transport
du matériel.

L'affaire du 30 novembre, dans laquelle le

général Gasset fut chaudement engagé, et que
la nuit seule put interrompre, a été accompa-
gnée de circonstances assez inexpliquées. Ce
même jour, 30 novembre, le général O'Donnell
écrivait à une heure quarante-cinq minutes :
« Il n'y a rien de nouveau l'ennemi paraît
avoir renoncé à tout projet offensif » ; et c'est
un quart d'heure après, à deux heures, d'après
le rapport du général Gasset, que la redoute
d'Anghera a été tout à coup assaillie par une
multitude de Maures. Ce fait prouve toutes les
difficultés de cette guerre, et combien il faut de
vigilance et de sang-froid pour y faire face.

On parle toujours de la formation d'un corps
de réserve qui serait composé des premiers bataillons de plusieurs régiments cantonnés dans
les provinces du midi.

Les inventions continuent : on cite l'adop-
tion, pour la flotte, d'un appareil de l'américain
M. Ward, qui permet aux navires en mer de
correspondre par tous les temps. On a expédié
de Barcelone sur Ceuta, des embrasures d'un
nouveau modèle, destinées sans doute à l'équipage de siège, et qu'on dit très commodes pour
le service des batteries. On cite aussi, entre autres expéditions, celle d'un approvisionnement
de café tel qu'il suffirait pendant deux ans à l'ali-
mentation de l'armée, d'après son effectif actuel.

L'organisation du régiment basque marche à
grands pas ; les enrôlements sont à peu près
arrivés au chiffre déterminé. Les officiers ont
été pris dans l'armée, parmi ceux qui sont originaires des provinces.

PREMIERS ENGAGEMENTS

Décembre 1859.

L'armée va prendre l'offensive ; la belle division du général Ros de Olano, forte d'au moins 10,000 hommes, est partie de Malaga sur dix-neuf transports à vapeur, au milieu des acclamations de la population entière. La municipalité avait frété un navire pour elle et pour les principaux fonctionnaires de la ville ; elle a accompagné l'escadre à plusieurs milles au large, et l'évêque a béni les troupes au moment de la séparation.

La division, débarquée à Ceuta au bout de quelques heures, a pris tout aussitôt ses positions en avant ; l'armée entière, maintenant rassurée par l'état plus favorable de la mer, pourvue de bagages, des approvisionnements, des chevaux et du parc de siège qu'elle avait laissés à Cadix, va marcher sur Tétuan dont les approches, reconnues par la division du général Prim, et rendues praticables par de nombreux corps de travailleurs, paraissent à peu près abandonnées par les bandes marocaines. Celles-ci se groupent sur la droite de l'armée, dans les vallées sauvages de la Sierra de Bullones ; c'est de là qu'elles font irruption de temps à autre sur les positions fortifiées par les Espagnols.

Le 9 décembre elles ont impétueusement attaqué les redoutes d'Isabelle II et de Francisco de Asis, occupées par des compagnies du deuxième corps, qui s'est bientôt trouvé complètement engagé. L'affaire a été sérieuse, et le général Zabala, qui commande le corps, en a dirigé les mouvements d'une manière qui a été fatale aux assaillants. Ce brave officier général, le plus âgé des généraux de l'armée (il a soixante ans), faisait, dans cette circonstance, son apprentissage dans la direction d'un corps d'infanterie. Il a été jusqu'à présent officier de cavalerie; il était, en 1840, chef de l'escorte d'Espartero, et il dut à la faveur du célèbre général, lorsqu'il reprit le pouvoir en 1854, les fonctions de capitaine général de Madrid; plus tard, il remplit celles de ministre d'Etat. Le général Zabala est sénateur du royaume; comte de Paredes de Nava et lieutenant-général.

Le général Gasset commande provisoirement le premier corps, et paraît devoir remplacer M. Echagué, que sa blessure rendra longtemps encore indisponible. On prétend, du reste, que l'imprudence de la première opération du général l'a placé dans une certaine défaveur. Le général Gasset, disons-nous, a conduit avec une grande habileté le combat du 30. On cite, entre autres, un épisode de ce combat, qui a fourni la preuve de l'acharnement et du fanatisme des assaillants. Quatre ou cinq cents d'entre eux, refoulés dans un ravin qui n'avait d'issue que vers la mer, ayant épuisé leurs munitions, ont refusé de se rendre; le plus grand nombre s'est noyé, et le reste, rampant au milieu des broussailles, poussant des cris féroces, se défendant des dents et des ongles, s'est laissé mitrailler et massacrer jusqu'au dernier.

« J'ai assisté à cent quarante-six actions de guerre, dit à ce sujet l'un des témoins de ce drame; j'ai fait la campagne de Sept ans en Navarre, dans les Provinces Basques et en Catalogne; j'ai vu de près les intrépides soldats de Zumalacarregui, chargeant avec désespoir les bataillons constitutionnels; mais je n'avais jamais vu une fureur égale à celle de ces barbares. »

Le général Gasset est un ancien officier de la garde royale, ami et protégé du maréchal Narvaez. Il a servi dans les rangs carlistes et sous les ordres de Cabrera, jusqu'à la convention de Vergara.

On s'attendait à Madrid à recevoir la nouvelle de l'investissement de Tétuan. L'armée s'appuie sur la ligne de côtes qui s'étend de cette place à Ceuta; mais elle n'en a pas moins à surveiller les repaires de la Sierra, d'où descendent, et toujours au moment où l'on s'y attend le moins, des bandes nouvelles de Kabyles. Pour se tenir en garde contre cette menace constante, elle a besoin de laisser en arrière des détachements nombreux. Elle est affaiblie par les pertes assez sensibles qu'elle a faites dans les premières rencontres, et aussi par l'invasion du choléra sur quelques points. Déjà, du reste, les bataillons qui devaient entrer dans la formation maintenant ajournée du cinquième corps, ont reçu ordre d'envoyer des hommes pour combler les vides survenus parmi les combattants.

Le débarquement du troisième corps devait être le signal du commencement des opérations offensives ; mais elles paraissent encore suspendues. Il semble difficile en effet qu'avec les 36 ou 38,000 hommes dont il dispose, le maréchal O'Donnell, harcelé comme il l'est par les bandes indisciplinées cantonnées dans la Sierra de Bullones, puisse à la fois faire un mouvement en avant, garder les routes, en marquer les étapes par des postes bien gardés, et maintenir ses communications avec Ceuta. Les dernières dépêches annonçaient que Muley Abbas paraissait disposé à déboucher par le col ou pertus d'Anghera, avec 4,000 fantassins et 6,000 cavaliers. Or, ce passage est au nord de la route de Tanger, tandis que le chemin de Tetuan, *por la marina*, c'est-à-dire le long de la côte, reconnu et rendu praticable par la division Prim, est au sud de cette même route. Cette attaque viendrait donc par le côté auquel l'expédition semble tourner le dos.

Voici, du reste, la position exacte de l'armée. Le territoire où elle opère forme un angle un peu aigu, dont la pointe est orientée à l'Est. A cette pointe est Ceuta, sur une isthme que termine l'énorme rocher d'Abila, l'une des colonnes d'Hercule, aujourd'hui nommé *El Hacho*, au sommet duquel se trouvent une citadelle de construction romaine et une vigie, où

4

deux hommes, relevés de semaine en semaine, veillent sans cesse sur les mouvements de la campagne et de la mer.

La maison du Renégat et les défilés d'Anghera sont au nord-ouest; le chemin de Tanger forme une ligne centrale, serpentant au milieu des premiers versants de la Sierra de Bullones, et la traversant dans la direction de l'est à l'ouest; le chemin de Tétuan court vers le sud-ouest, ayant la côte à gauche, et dominé à droite dans tout son parcours par la Sierra. L'*Otero* (le tertre) est à quelques centaines de mètres en avant des lignes de Ceuta; le Serrallo, plus en avant sur le chemin de Tanger; la redoute d'Isabelle sur un mamelon, entre ce chemin et le col d'Anghera; les autres redoutes entre le chemin de Tanger et celui de Tétuan. De la position de ce chemin, partout commandé par la montagne, on doit inférer que les troupes qui s'y engageront, pour se porter sur Tétuan, seront exposées à être fréquemment coupées, si les crêtes ne sont semées de redoutes semblables à celles déjà construites. On pense qu'il faudra laisser huit à dix mille hommes à l'Otero et dans ces divers forts; qu'il en faut trois ou quatre mille pour garder les munitions, les bagages et Ceuta, et par conséquent, que c'est tout au plus si le maréchal O'Donnell aura 20,000 hommes valides pour envahir le territoire de Tétuan, et s'engager dans une phase offensive. Aussi s'explique-t-on la mobilisation de deux bataillons de milice, pour aller garder Ceuta, et la réunion de huit à dix mille hommes, pris dans les corps, pour aller recompléter les effectifs affaiblis.

Les volontaires commencent à arriver, et ils aideront à réparer ces vides. La légion basque est complète ; on la dirige sur Saint-Sébastien et sur d'autres ports de la côte Cantabrique, où elle sera embarquée : mais elle manque d'armes : les carabines de précision qu'on lui destine n'ont pas encore été livrées.

On a organisé, sur le modèle des nôtres, une compagnie d'ouvriers d'administration, pour le service des vivres, la fabrication du pain dans les fours de campagne, la garde du troupeau et la distribution de la viande. Cette compagnie a déjà rendu de si bons offices que le général en chef a demandé qu'il en soit immédiatement formé et envoyé deux autres.

On a parlé de la manière de combattre adoptée par les Maures. Ils se blotissent derrière un rocher, y appuient leur long espingard (*espingarda*), le pointent à hauteur de tête et tirent sûrement. Quand ils sont tournés, ils se battent au yatagan ; quand le yatagan leur manque, ils se servent des dents et des ongles ; ils ne se rendent jamais et de même ne cherchent pas à faire de prisonniers. Cependant le *Gibraltar Chronicle*, intéressé par quelque sympathie à les faire meilleurs qu'ils ne le sont réellement, assure que l'empereur de Maroc a promis 80 réaux par prisonnier et seulement 10 réaux par tête coupée. Mais des correspondances venues plus directement du théâtre de la guerre affirment que le tarif est à l'inverse.

Pendant et après le combat, les Maures ramassent les balles, afin de les renvoyer aux Espagnols, lorsqu'elles sont du calibre de leurs armes; ils mettent en réserve les boulets pour le moment où ils auront de l'artillerie. Ils ont essayé aussi de collectionner les grenades; mais leurs premières tentatives leur ont coûté assez cher pour les dégoûter. Au début de la guerre, ils couraient à l'envi sur ces projectiles dont ils ignoraient la nature, les prenant pour des biscayens; mais depuis qu'ils les ont vu éclater et faire de graves blessures, ils deviennent prudents, et ne mettent la main sur les balles elles-mêmes qu'à bon escient.

Un groupe de 4 à 500 hommes se déploie sur trois rangs, un peu éloignés l'un de l'autre. Le premier rang tiraille à l'abri des arbres et des rochers; le second, sans armes, ramasse et emporte les morts ou les blessés, prend leurs armes et les remplace; le troisième rang forme la réserve. Il est hors de doute qu'ils ne sont pas réduits à leurs armes de fabrication africaine; ils reçoivent par les ports de la partie occidentale de l'empire, qui échappent aux rigueurs du blocus, de la poudre, des balles, des armes et même des revolvers. Il est certain aussi que dans l'attaque du 15 décembre, dirigée, dit-on, par Muley-Abbas en personne, le prince marocain était accompagné d'officiers européens, qui ont organisé les contingents, évalués à 116,000 hommes, dont 44,000 cavaliers.

LE TROISIÈME CORPS

Décembre 1859.

Le maréchal O'Donnell a quitté son campement de l'Otero pour porter son quartier général sur les hauteurs en avant du Serrallo ; le troisième corps, le dernier débarqué, est campé à la gauche des positions sur le chemin de Tetuan. On a remarqué l'ordre du jour adressé par le général Ros de Olano à ses troupes, au moment où elles ont touché le sol africain ; il est digne, par la netteté des pensées et par l'élégance du style, des instructions que nous avons citées, et dans lesquelles le général rappelle à ses soldats qu'ils ont les qualités guerrières des Arabes, des Goths et des Romains.

Le général Ros de Olano, comte de la Almina, est sénateur du royaume, orateur distingué, brave officier, homme d'imagination, de haute intelligence et poète. Il est, à ce titre, l'intime ami des littérateurs les plus distingués de Madrid, Espronceda, Zorrilla, Ochoa, Breton de los Horreros et autres. Il fut homme de lettres avant d'être officier et il a conquis tous ses grades pendant la guerre civile. L'affection du général Narvaez lui valut les fonctions d'inspecteur général des carabiniers. O'Donnell l'entraîna dans la prise d'armes de Vicalvaro et le nomma, au retour, directeur général de l'infanterie, puis de l'artillerie ; il occupait les premières de ces fonctions au moment de l'organisation de l'armée, et a continué à les exercer depuis le retour du maréchal au pouvoir, en 1858.

Le général Ros, pendant son séjour à Malaga, s'est beaucoup occupé de son corps d'armée ; il passait de fréquentes revues du matériel et des hommes, donnait une grande impulsion à l'instruction militaire, commandait des manœuvres, et veillait avec une grande sollicitude à l'installation des premiers blessés qui ont été évacués de Ceuta sur la métropole.

La *Gazelle officielle* a publié le décret royal qui élève le général Echagué au grade de lieutenant général. On le dit entièrement rétabli de sa blessure et prêt à reprendre le commandement de l'avant-garde.

Les présidiaires de Ceuta ont demandé à marcher aux postes les plus avancés et on en a formé un corps de 300 hommes. Ces malheureux, pour la plupart condamnés à perpétuité, ont déjà rendu de grands services, surtout comme travailleurs, sur la route de Tetuan. L'un d'eux s'est si bravement conduit dans l'affaire du 30 novembre, qu'on lui a promis sa grâce pour la fin de la campagne, et l'un des généraux l'a pris pour ordonnance.

La *Gaceta mililar* est d'accord avec nous sur l'importance des postes qui devront être laissés à Ceuta et dans les redoutes, dès que l'armée prendra l'offensive. Ce journal va plus loin ; il prévoit la prise de Tetuan, et la nécessité d'y laisser une division complète, avec des détachements de toutes armes, pour défendre la ville et garder les communications avec la côte ou avec Ceuta. « Nous sommes engagés dans une digne entreprise, dit la *Gacela* ; ne l'abandonnons pas. Lorsque, par l'obstination des Marocains et avec la sanction de l'Europe, nous aurons conquis une ou plusieurs lieues de terrain, il restera à notre gouvernement le soin de tirer bon parti de sa possession et d'en assurer la défense, en colonisant promptement et le mieux possible le terrain fertile, et en fécondant celui qui est improductif. » Ces lignes ont quelque portée. Il ne s'agit plus sans doute d'aller répandre sur le Maroc les lumières du catholicisme et de la civilisation, mais de régulariser, comme la France l'a fait plus à l'est, une conquête qui coûte déjà si cher dès les premiers pas. La *Gacela militar* compte avec Tetuan comme d'une possession acquise : nous ne croyons pas que ce soit œuvre difficile, mais encore faut-il y arriver. Jusqu'à présent, l'armée en est aux reconnaissances, et ses divisions ne sont pas encore descendues dans la riche plaine qui entoure la cité. Les Espagnols trouveront là leurs plus anciens ennemis, car Tetuan, qui date de 1492, fut fondé par les réfugiés de Grenade. Les Abencerrages, les Zegries et les Gomerés y ont conservé leurs noms et perpétué leurs races. Les Juifs, chassés par la guerre et forcés de se réfugier en Espagne, en Algérie et en Portugal y étaient nombreux, et leurs filles, dit-on, n'ont pas de rivales en beauté.

Il est sérieusement question de l'augmentation de l'armée et on ne s'en tiendra pas à une nouvelle division de réserve, ou à un appel de volontaires pour remplir les cadres. Dès à présent on va diriger 20,000 hommes sur les ports d'embarquement et l'armée sera, dit-on, portée à 80,000 hommes. Le commencement des grandes opérations offensives serait différé jusque-là.

Cette nouvelle a jeté quelque inquiétude à Madrid, et jusque dans la chambre de la reine est parvenu un sonnet contenant de tristes pronostics sur les résultats de la campagne. Le caractère espagnol se compose d'une alternative d'enthousiasme exagéré et de découragement; mais l'entreprise est grande, l'enthousiasme persiste et la confiance de la nation dans ses ressources et dans ses forces vives ne faiblit pas. On trouvera promptement 40,000 soldats, et on réunira, moins promptement peut-être, mais certainement, le matériel qui doit marcher avec eux. La grandesse d'Espagne a adressé une députation à la reine pour lui déclarer qu'elle était prête à contribuer par toute espèce de sacrifices au meilleur résultat de la guerre d'Afrique.

LE CLIMAT

Décembre 1859.

Le journalisme en est encore au style épique ; celui des dépêches du Serrallo est d'une réalité plus brutale : « Il pleut sans cesse et nous sommes sur un bourbier... Nous avons eu une tempête, le vent et la pluie pendant trente heures ; le terrain où nous campons est partout un marais ». Cette inclémence de la température est pour l'armée espagnole un accident fatal sur lequel elle ne pouvait compter. Ne semble-t-il pas que les éléments se soient conjurés pour prêter l'appui de leurs obstacles désastreux à la résistance désespérée des bandes sauvages du Maroc ? La première division de l'armée espagnole est débarquée à Ceuta le 18 novembre ; les autres divisions, les chevaux, l'artillerie, le matériel, les vivres, l'ont ralliée avec peine, sans cesse retardés par les éléments contraires. En quarante jours, l'armée a soutenu huit attaques acharnées, rencontrant devant elle toute la population des contrées voisines, les hommes faits, les enfants et les vieillards. Elle n'avance que pied à pied, se fortifiant chaque fois qu'elle conquiert cent mètres de terrain ; elle n'occupe aujourd'hui, non sans inquiétude et sans conteste, que la zône si longtemps réclamée pour Ceuta. Elle n'a pas fait encore et ne peut faire ce *pas en avant* qui lui permettra de parler haut et de demander énergiquement réparation des injures qu'elle a souffertes.

Cette lutte pénible, contrariée par les éléments, entravée par les fautes et l'imprévoyance d'une administration qui n'a eu ni le temps ni l'occasion de s'essayer, est digne d'attention.

Nos soldats, qui se sont mesurés avec toutes les tribus arabes depuis l'Isly jusqu'à l'Edough, savent ce que c'est qu'une guerre contre des sauvages qui n'ont pas de chefs, qui, battus aujourd'hui, reviennent demain en plus grand nombre, qui n'ont ni foi ni mémoire, qu'on ne peut vaincre qu'à la condition de les détruire, avec lesquels on ne peut traiter qu'en les terrifiant. Ils ont trop l'expérience de ces choses pour ne pas donner toutes leurs sympathies à cette petite armée qui combat avec tant de courage, « admirable, joyeuse et satisfaite », comme le dit son général en chef.

Aussi les colonnes de la *Gaceta militar* sont-elles remplies par l'énumération des récompenses distribuées par la reine : la croix de Saint-Ferdinand aux officiers, et aux soldats celle de Marie-Isabelle-Louise, entraînant, dans la plupart des cas, en raison des services ou des blessures, une pension de 10 réaux ou 30 réaux par mois.

A ces encouragements de l'État viennent s'ajouter chaque jour ceux des particuliers des villes et des provinces; les dames envoient par

quintaux la charpie et les bandes pour les blessés; la Faculté médicale de Cadix offre gratui-
tement ses services aux hôpitaux militaires de
la ville; une société dramatique envoie 3,500
réaux à répartir entre les neuf soldats qui se
seront le plus distingués; un consul d'Espagne
à l'étranger adresse 1,000 réaux pour le premier blessé qui appartiendra à la ville anda-
louse de Lorca; un riche particulier d'Estré-
madure donne 500 piastres pour les blessés
originaires de Badajoz; un Catalan, 200 réaux
pour ceux de Barcelone; Cadix, enfin, a offert
d'ouvrir une souscription pour payer à l'Angleterre la dette de 44 millions de réaux qu'elle
réclame d'une manière aussi imprévue, au milieu des complications de toute nature qui occupent le gouvernement espagnol.

Au milieu de tout cela, il court à Madrid
des bruits de paix : on prétend que la prise
prochaine de Tetuan ouvrira les yeux de l'empereur du Maroc et le disposera à traiter. Se-
rait-ce pour si peu de chose que l'Espagne aurait pris les armes? Aurait-elle fait pour ce
mince résultat de tels sacrifices d'argent, d'hommes et de dévouement? Nous n'en croyons
rien.

L'OFFENSIVE

Janvier 1860.

Nous ne le savons encore que par la télégraphie particulière ; un engagement considérable aurait eu lieu sur la route de Tetuan. Les Espagnols suivaient la côte, appuyés par l'escadre ; les Maures, descendus en foule de la Sierra de Bullones, auraient mis en ligne des troupes mieux organisées que celles qui ont combattu jusqu'à présent. La lutte aurait été acharnée et les pertes paraîtraient considérables.

L'escadre avait préludé à cette affaire, le 29 décembre, en attaquant les forts de la rivière de Tetuan, déjà réduits une première fois au silence par les vaisseaux français, à la suite de l'insulte faite au *Saint-Louis*. Une heure a suffi pour cette opération, qui s'est terminée par la destruction de l'un des forts. Ce jour là, le maréchal O'Donnell était encore au Serrallo et les troupes campées sur ce point assistaient, des hauteurs qui le couronnent, à cette première opération de l'escadre.

Cette force maritime est concentrée à Algéciras, où le mouillage est sûr, et d'où elle expédie, à tour de rôle, vers la côte d'Afrique, des croiseurs ou des divisions de bâtiments légers et de canonnières ; c'est l'une de ces divisions qui a été chargée de battre les forts de Tetuan.

Le service des transports paraît maintenant parfaitement organisé ; une trentaine de navires à vapeur du commerce, appartenant aux différentes entreprises qui font, en temps ordinaire, le service d'escale autour de la Péninsule, vont continuellement de Ceuta aux divers ports du littoral espagnol, ayant chacun une affectation déterminée. L'Espagne est loin d'avoir mis là toutes ses ressources, et elle compte encore sur chantiers, prêts à être lancés, ou en armement, un vaisseau, cinq frégates, trois corvettes et trois goëlettes.

Le parc de siège n'avait pas quitté Cadix le 30 décembre. On l'embarquait, à cette date, sur quatre grands navires à vapeur ; il se compose de 27 mortiers, de 18 pièces de 24, de 4 obusiers de 21, de 4 pièces rayées de 12. Le retard apporté dans l'envoi de ce matériel pouvait être significatif et a autorisé, sans nul doute, les bruits de paix qui ont couru à Madrid. Le départ des navires et leur arrivée à Ceuta signalent une nouvelle phase de la campagne, le commencement formel de l'offensive. L'armée n'a pas besoin de ce matériel pour prendre Tetuan. On sait que la résistance ne saurait y être longue ; la ville est abandonnée par toute la partie faible de ses habitants, et les défenseurs se sont ménagé un chemin de retraite vers la montagne. Le parc de siège a une destination plus sérieuse, et nous le verrons sans doute prochainement à l'œuvre.

Les renforts arrivent aux ports d'embarquement; on expédie sur Ceuta les détachements destinés à remplir les vides dans chaque corps, pendant qu'on concentre à Séville les troupes qui vont former les nouvelles divisions. Mais le contingent de volontaires fourni par les provinces basques paraît être loin encore de se mettre en marche. On pourrait faire une chronique des aventures et des pérégrinations du général Latorre, à la recherche de son armement. Il est venu à Paris demander au commerce des carabines de précision; de Paris il a couru à Liége, qui a reçu depuis quelque temps une commande de huit mille fusils pour l'Espagne; il n'a rien trouvé de prêt, et est rentré à Saint-Sébastien dans un état de désespoir qui s'explique et qui est partagé par tous ces braves volontaires, condamnés, pendant que leurs frères se battent, à une pénible inaction. On renonce, quant à présent, à donner à la légion basque des armes de choix, et on a recours aux ressources, heureusement encore abondantes mais peu modernes, des arsenaux du Nord de la Péninsule, en attendant que les fabriques de Liége aient pu expédier sur Ceuta les carabines qui doivent faire merveille entre les mains expertes des excellents tireurs de la Bizcaye et de l'Alava.

Un fait assez piquant se passe à Melilla, l'un des présides espagnols de la côte d'Afrique. Il démontre combien peu de solidarité existe entre les diverses peuplades disséminées sur le territoire marocain.

Melilla est à 50 lieues à l'est de Ceuta. On y guerroyait il y a un an; les postes avancés de la place y étaient exposés jour et nuit aux alertes et à la fusillade. On ne s'y doute pas aujourd'hui de l'état de guerre qui règne dans la partie occidentale. Les Maures communiquent pacifiquement avec la place. Si cette place intéressante n'était pas isolée, si ses relations devenaient plus assurées avec les belles campagnes qui l'entourent, elle pourrait devenir un point commercial fort recherché de toutes les populations avoisinantes, qui sont à peu près dépourvues de ressources. Pour cela, il faudrait qu'il se formât le long de cette côte une zone colonisée, une Afrique espagnole sur le modèle de notre Afrique française. Cette pensée commence à se produire en Espagne; ce que nous avons fait plus à l'est éveille l'émulation de nos voisins, et il se peut que cette guerre, aujourd'hui circonscrite dans l'étroit rayon de la Sierra de Bullones, soit le commencement d'une conquête légitime. « L'Afrique française, ajoute un journal, nous présente un éloquent exemple; Dieu veuille qu'un jour nos possessions de ce continent soient reliées entre elles par une zone continue de quatre, six ou huit lieues de largeur pour le plus grand avantage du commerce de la Méditerranée et du système défensif et offensif du Nord de l'Afrique! »

C'est là certainement une grande idée.

CASTILLEJOS

Janvier 1860.

Les renseignements parvenus sur le combat livré, le 1ᵉʳ janvier, au défilé de Castillejos, démontrent que l'affaire a été des plus sérieuses; elle a duré tout le jour, et le maréchal O'Donnell ne s'est pas fait faute de mettre en évidence la part active qu'il y a prise : « Je suis monté à cheval à sept heures du matin, j'ai mis pied à terre le soir à la même heure ». L'acharnement a été grand, surtout du côté des Maures, qui occupaient tous les passages, tous les ravins, tous les groupes de rochers autour et au-dessus du défilé où l'armée avait à s'engager. Leurs pertes ont été immenses, sans doute, ainsi que le dit le premier rapport du maréchal; mais celles des Espagnols ont été cruelles, plus cruelles que dans les engagements précédents; elles ont été évaluées au premier moment à 600 tués ou blessés, et il est à craindre que les renseignements ultérieurs ne viennent grossir ce chiffre.

On écrit que la nouvelle de ce succès a été accueillie dans les principales villes d'Espagne au son des cloches, que les maisons ont été illuminées. Madrid paraît avoir exprimé moins d'enthousiasme; les esprits y sont mieux éclairés sur les énormes difficultés de cette entreprise, conduite au milieu d'un pays impraticable, à travers des forêts incultes où il faut employer la hache, la pioche et la sape pour ouvrir à l'artillerie un étroit passage. Les contreforts de la Sierra de Bullones descendent jusqu'à la mer; les rochers s'entassent jusqu'au rivage; et si la cavalerie a pu quelquefois se mesurer avec l'ennemi dans quelques petites vallées découvertes, elle s'est trouvée bien plus souvent inutilisée par les difficultés du chemin.

Au Monte-Negro, où l'armée s'est installée d'après les dernières nouvelles, elle est encore à cinq lieues de Tétuan; quelles difficultés ne va-t-elle pas encore rencontrer jusqu'à ce qu'elle puisse se déployer dans la campagne de cette ville, et y livrer aux bandes marocaines un autre combat que ces stériles et terribles engagements de guérillas!

Assurément l'Europe admire ce courage, cette résignation, cette persévérance devant de si rudes épreuves; elle applaudit à l'armée espagnole; mais elle se demande avec anxiété quel sera le résultat de cette marche difficile et quel peut être le but de ce plan de campagne. Ceuta est sans doute un point important sur le détroit; mais c'est aussi le lieu de débarquement le plus inopportun pour une expédition armée sur le sol africain. On voit ce que sont les périls de la route de Tétuan; on n'en rencontrerait pas de moindres, si on avait à pénétrer dans les bois et dans les défilés d'Anghera sur le chemin de Tanger. Et lorsque

5

l'armée descendra du mont Negro, lorsqu'au prix de bien du sang encore, elle sera arrivée à la campagne de Tétuan, elle devra s'attendre à rencontrer de nouveaux obstacles; elle trouvera un sol sillonné par les pluies, coupé par de profonds ravins. Elle emploie maintenant la hache et la pioche; il lui faudra plus loin des équipages de ponts.

Ce que nous accueillons avec les plus vives sympathies, le *Gibraltar Chronicle* et ses confrères ne le considèrent pas du même œil. « L'armée espagnole, dit le *Hérald*, est en fuite devant les Maures toujours victorieux ». En même temps les négociants de Gibraltar prêtent un hardi concours aux combattants africains. Deux croiseurs espagnols ont pris, en vue de la côte occidentale, un navire chargé de vingt mille boîtes de conserves et de douze mille baïonnettes. A en juger par leur forme particulière, celles-ci étaient évidemment destinées aux fusils marocains. Des chargements semblables paraissent avoir déjà trompé la vigilance des croiseurs, car on a trouvé, dans l'un des combats livrés sur la route de Tétuan, une longue espingarde de deux mètres, armée de cet appendice de fabrique étrangère. On a aussi amené à Algéciras un cutter rencontré dans le détroit sous pavillon anglais, et chargé de riz, de thé, de café, de sucre, etc., à destination de Tanger; enfin un vapeur de commerce français arrivé à Malaga, aurait vu dans le port de Gibraltar un caboteur anglais porteur de munitions destinées, selon toute apparence, à l'armée marocaine, et qui n'osait pas sortir parce que l'éveil avait été donné aux navires espagnols.

Les renforts se complètent; les corps qui composent la nouvelle division, dont le commandement a été donné au général Rios, sont réunis à Algésiras et y attendent l'ordre de s'embarquer; on y a joint une compagnie de fuséens avec un important approvisionnement de fusées à la congrève. La légion basque, composée d'hommes jeunes, énergiques, pleins d'ardeur, est complétement habillée et équipée; elle part avec son armement provisoire. Des navires vont être envoyés à Saint-Sébastien et à Bilbao pour la conduire sur le théâtre de la guerre. On croit qu'elle débarquera d'abord à Algéciras, où elle s'exercera avec les troupes de la division Rios.

La flotte va, elle aussi, recevoir un renfort considérable; dix navires faisant partie de l'escadre de la Havane ont reçu ordre de faire voile pour l'Europe. Ces navires apportent à l'armée d'Afrique, avec une offrande en argent de 50,000 piastres, plusieurs quintaux de tabac envoyés par les planteurs et les commerçants.

A la suite de ce don, qui sera vivement apprécié par les braves pionniers de la route de Tétuan, nous avons à mentionner celui de la ville de Palencia, dans la Nouvelle-Castille. Le tiers de la population de cette ville est employé dans des fabriques de couvertures, qui sont en mesure de fournir à presque toute l'Espagne et jusqu'en Amérique. Palencia a

envoyé à Algéciras 1,000 couvertures, du prix
de 35 réaux chacune, portant toutes cette
inscription : « Palencia à l'armée. »

Andujar a voté une somme annuelle de 6,600
réaux, à affecter au service de six pensions
destinées à des blessés de l'armée d'Afrique, à
la veuve ou aux parents d'un soldat mort.

Le premier soldat qui a succombé dans cette
guerre se nomme Pablo Riazuelo y Baza. Sa
famille reçoit une pension de Huesca.

Une résolution analogue à celle qui a été
prise en France, par le comité des souscriptions pour les victimes de la guerre d'Italie, va
faire une masse des nombreuses sommes offertes et votées de toutes parts à l'occasion de
l'expédition espagnole en Afrique. Un comité
réunira cette somme et en assurera la distribution aux blessés et aux familles des victimes.

Les villes votent des adresses aux corps de
troupes ; Alcantara envoie des éloges au bataillon de chasseurs qui porte son nom et qui
s'est signalé devant le Serrallo. Dans son enthousiasme, la vieille ville tant illustrée déjà
par l'ordre de chevalerie qui y a longtemps ha-
bité, compare les braves du bataillon à tous les
preux de l'Espagne héroïque, à Laïn Calvo,
l'aïeul du Cid, à Gonzalo de Cordova, à Hernan del Pulgar, à Garcilaso et à Lara. On peut
sourire de cet excès d'emphase ; mais il y règne tant de conviction, tant de vœux pour le
succès des armes espagnoles, qu'on comprend
facilement l'élan et le patriotisme des troupes
auxquelles ces exhortations s'adressent.

LA TEMPÊTE

Janvier 1860.

L'armée est sans doute en ce moment bien près de Tétuan ; mais quelles difficultés sa marche rencontre sur ce trajet de quelques lieues ! On n'avance que pas à pas, les reconnaissances sont conduites avec une remarquable prudence, les braves *cazadores* apprennent à ramper comme nos zouaves, à se glisser au milieu des roches et des buissons pour éclairer la route, et, au milieu de ces combats qui se multiplient, nous devons dire, à la gloire de l'armée et de ses chefs, qu'elle a su éviter les piéges et les embûches que lui tendait un ennemi patient, et familiarisé avec tous les secrets de ce terrain inabordable. Un journal militaire publié à Madrid, le *Mundo militar*, illustré de dessins envoyés du théâtre de la guerre et dont nous ne pouvons contester l'exactitude, justifie la description que nous donnions dans notre dernière revue du terrain sur lequel opère l'armée espagnole ; pendant qu'elle avance au milieu des collines rocheuses qui descendent jusqu'à la mer, les Maures la suivent par un mouvement de flanc, cachés dans la montagne, prêts à profiter d'une marche aventureuse qui mettrait une partie de l'armée à leur merci, en l'isolant. Pendant ce temps, les contrariétés atmosphériques reviennent; la mer n'est pas tenable, la plupart des petits navires qui accompagnaient l'armée et communiquaient avec elle, n'ont pu rester en vue de la côte et sont rentrés à Algéciras; quelques vapeurs seulement lui prêtent leur concours.

L'une des dépêches du général en chef disait, il y a quelques jours, « nous avons cinq jours de vivres. » Qu'est-ce que cinq jours de vivres dans une position aussi pénible, lorsque, par une inconcevable fatalité, les éléments persistent à être contraires? Cinq jours de vivres, lorsque les magasins sont de l'autre côté du détroit, et que les circonstances, si obstinément fatales, peuvent interrompre encore les communications comme dans les premiers jours de l'expédition.

On paraît s'attendre à une bataille en règle, aussitôt que les troupes espagnoles déboucheront en vue de Tétuan; mais est-ce bien la tactique des Maures? Ils excellent dans la guerre de montagne, de rochers et de buissons; viendront-ils, si bien conseillés qu'ils paraissent être, tenter contre les solides bataillons chrétiens les hasards d'une autre bataille d'Isly? L'armée de Sidi-Mohammed a pris, du reste, un semblant d'organisation; les Espagnols ont trouvé devant eux, au combat de Castillejos, quelques troupes régulières armées de fusils de précision; on a constaté que plusieurs blessures avaient été faites par des balles coniques. Les baïonnettes n'ont pu tromper la surveil-

lance des croiseurs ; mais il paraît que la contrebande a fait passer d'autres engins, et si, au
combat du 29 décembre, les Maures ont amené
un mauvais canon en fer, il est sans doute le
précurseur de ces pièces neuves auxquelles
étaient destinés les boulets trouvés non loin de
la côte, à l'une des premières reconnaissances
parties de Serrallo.

C'est toujours avec une très vive anxiété, en
raison de ces difficultés persistantes, que nous
attendons des nouvelles de cette expédition
courageusement conduite, mais malheureusement entreprise avec une grande insuffisance de
moyens.

Il paraîtrait néanmoins, si le temps veut bien
être enfin favorable aux opérations de l'escadre
qu'elle ne se bornera pas à la canonnade qui a
démantelé les forts de la rivière de Tétuan.
En annonçant l'arrivée prochaine d'un vaisseau, de deux frégates et de deux navires à vapeur, un journal avance que les forces navales
de la baie d'Algéciras seront en nombre suffisant « pour s'emparer de Tanger. » L'attaque
de cette place n'a donc pas été rayée du plan
d'opérations de l'armée espagnole, et ce serait
seulement les éléments contraires et non une
influence politique qui l'auraient ajournée. Une
démonstration sur Tanger est depuis longtemps
indiquée comme une diversion utile, et comme
un moyen de partager les forces de la défense,
toutes concentrées aujourd'hui vers Tétuan.

La blessure reçue par le général Zabala le
1er janvier, a eu des conséquences graves : ce

brave officier est paralysé de tout le côté droit :
on doute qu'il puisse se rétablir promptement
et on parle de son retour à Madrid. Le général
Echagué, de son côté, ne marche plus à l'avant-
garde, soit par le fait de sa blessure, cependant légère, soit par suite de l'ardeur un peu
compromettante qu'il a montrée au début de la
campagne. Les ennemis du général O'Donnell
lui reprochent de manquer d'initiative et de résolution ; il a tenu rigueur, dit-on, au général
Echagué, pour s'être trop risqué à l'attaque du
Serrallo ; il a blâmé le général Prim de s'être
aventuré avec la fougue qui le caractérise ; cette
prudence, qui serait excessive ailleurs, est peut-
être ici le salut de l'armée.

Le général don Luis Garcia, chef d'état-major
général de l'armée, qui vient d'être promu au
grade de général de division, et chargé du commandement du corps du général Zabala, est
un brave officier dont on vante les connais-
sances militaires. Il remplissait avant la guerre
les fonctions de capitaine-général de l'Aragon.

Le *Mundo militar* donne le dessin du drapeau offert à l'un des régiments de la légion
basque par les élèves du collège ou séminaire
scientifique et industriel de Vergara. Ce drapeau, confectionné en un magnifique tissu de
soie, porte, brodées sur le milieu, les armes
d'Espagne, et sur la bande inférieure le sym-
bole des provinces unies : trois mains jointes,
avec cette devise nationale : *Irurac bat* (trois
dans une).

L'armée espagnole, séparée de Ceuta, suivant péniblement une côte inhospitalière, sans cesse menacée d'être surprise et coupée par des bandes ennemies qui épiaient tous ses mouvements, sans communication avec la métropole, abandonnée par la flotte, s'est trouvée dans une position voisine du désastre. Les dépêches officielles publiées par les journaux de Madrid en donnent de plus terribles preuves que les traductions, souvent inexactes, faites pour l'usage de la presse parisienne.

La flotte, s'efforçant de tenir la mer pour *secourir* l'armée, mot plusieurs fois prononcé et d'une cruelle vérité, a dû fuir au dernier moment devant la tempête ; mais pas assez tôt pour éviter la perte du vapeur de guerre *Santa Isabel*, de la goëlette *Rosalia*, jetés à la côte en vue de l'armée. Deux brigantins ont été désemparés, huit canonnières, quatre transports et plusieurs chalands ont été plus ou moins maltraités. Quelques vapeurs ont tenu courageusement ; mais ils ne pouvaient approcher du rivage ; ils n'ont pu rien débarquer, si ce n'est, pendant une courte embellie, des rations *pour un jour*. On peut apprécier quel a été dans cette circonstance terrible le dévouement de la marine, le même chez toutes les nations, par ces lignes du rapport du commandant général des forces navales. « Je me suis rendu au camp à trois heures de l'après-midi. La mer était très forte sur la plage ; la première embarcation qui a abordé a chaviré sans aucun malheur et j'ai pu arriver à terre heureusement. »

C'est dans ces circonstances difficiles que

des vivres ont pu être envoyés à terre pour un jour. Après les vivres, il a fallu songer aux fourrages : « J'en ai fait apporter » disent brièvement les lettres, et les documents originaux ajoutent qu'on n'a pu envoyer à terre que 159 balles, et qu'il a fallu s'aider de garde-corps et de halebreus. L'opération faite, il n'est resté en vue de la côte, avec le navire amiral le *Vulcano*, qu'un autre vapeur et deux chalands. Tout le reste était rentré à Algésiras et à Malaga, où de graves sinistres se sont produits.

Du côté de Ceuta, les communications en arrière de l'armée était complètement interrompues, l'insuffisance de l'effectif ayant empêché de faire garder la route en y échelonnant des détachements dans des fortins. Les Maures, laissant le Serrallo et les redoutes qui le couvrent occupés par la division Echagué, seule restée en arrière, étaient revenus sur la route, en avaient renversé les travaux, et le Serrallo n'a reçu pendant plusieurs jours ni ordres ni nouvelles. De pauvres enfants perdus se sont dévoués pour porter à Ceuta des communications du quartier-général ; sans doute quelques-uns ont pu arriver, puisqu'il n'y a pas eu d'interruption à Madrid, dans les dépêches toujours rassurantes du général en chef ; mais on sait que l'un d'eux a été surpris, enlevé et massacré.

Enfin, et grâce à Dieu, l'armée a pu être « secourue. » Elle a reçu des vivres, les troupes fraîches de la division Rios, et le parc de siège ;

des bateaux de faible tirant ont pénétré dans
la rivière de Tétuan. On est en vue de cette
ville ; les boulets des canons espagnols ont ri-
coché jusqu'au pied de ses murs.

Nous ne saurions tarir en éloges sur le courage, l'énergie dont ces braves soldats ont fait
preuve pendant cette marche difficile. L'Espagne bat des mains avec autant d'enthousiasme,
à cette résurrection de ses enfants, qu'elle a
cru un instant tous perdus jusqu'au dernier,
qu'elle en montra lorsqu'on lui annonça cette
« grande victoire » de Castillejos, du 1er janvier,
accueillie trop vite au son des cloches et au
bruit des salves d'artillerie. Disons cependant
que dans ce combat sans résultats, après lequel
l'ennemi s'est montré tous les jours aussi nombreux, aussi acharné qu'auparavant, il s'est fait
de tous côtés des prodiges de valeur. Il n'a été
bruit que des charges audacieuses du 1er régiment de hussards, de l'intrépidité du général
Prim, de la présence d'esprit du général Zabala, et aussi, ce que nous avons eu à signaler
plus d'une fois, d'un excès d'ardeur de la part
de quelques corps isolés. C'est le fait d'une
armée nouvelle, qui n'a pas encore l'expérience
des rigoureuses nécessités de la discipline et
de l'obéissance. Un tout jeune sous-lieutenant
du régiment de Simancas se trouve chargé du
commandement de sa compagnie, par suite de
la mort ou de la mise hors de combat des autres officiers ; l'ordre de retraite lui arrive, il
met son sabre au fourreau, s'arme de son revolver et lance ses soldats en avant : « Allons,

enfants ! vive la reine ! à la baïonnette ! » Le
général Zabala accourt. — « Que signifie ce
mouvement, crie-t-il ; qui charge ainsi sans ordre ? » A la vue de cet enfant tout exalté, son
irritation s'apaise. — « Allez, lui dit-il, mais
laissez ce pistolet ; c'est avec un sabre qu'on
conduit ses hommes au combat. »

De même a fait le commandant d'une canon-
nière. Impatient de prendre au combat une
part plus active, il débarque avec une dizaine
de marins, court vers une maison occupée par
l'ennemi, à quelque distance de la plage, l'en
déloge, y plante le pavillon national et retourne
à son bord. « Le commandant de l'escadre légère, a dit à ce sujet le capitaine Miguel Lobo,
dans un ordre du jour, donne à cet acte de
bravoure les éloges qu'il mérite ; mais il désire
qu'il ne se renouvelle plus. »

La garde noire s'est mesurée avec les hussards dans ce combat du 1ᵉʳ janvier. Ces hommes portent un costume rouge, turban rouge
avec calotte blanche, burnous blanc, le long
fusil et un sabre court. Ils arrivaient en ligne
au nombre de trois cents environ. Vingt hommes se portaient en avant, faisaient feu, et
étaient aussitôt remplacés par vingt autres.

« Cette guerre nous coûte déjà 240 millions
de réaux, » dit un journal, El Occidente.
« Laissons la question des maravedis, répond
la Gaceta militar : ce qui importe aujourd'hui,
c'est que notre armée marche de triomphe en
triomphe en Afrique jusqu'à obtenir un résultat
glorieux. Il s'agit beaucoup plus de voir com-

ment le général président du conseil manie son épée, que de savoir comment le ministre des finances dirige le trésor. »

Vienne, du reste, un succès réel à la suite de ces courageux efforts de l'armée et les ressources du pays, plus nombreuses qu'on ne pense, ne manqueront pas au gouvernement. Nous avons eu soin de mentionner les plus importantes parmi les offres faites à l'occasion de la guerre; en voici une qu'il est bon de citer.

L'illustre duc d'Osuna, ambassadeur d'Espagne en Russie, possède dans la Péninsule d'immenses propriétés, des vastes territoires, des *étals*, administrés par environ 350 employés supérieurs et 1,300 employés subalternes. Il vient d'informer le gouvernement qu'il réservera les premiers de ces emplois aux officiers rendus indisponibles par la guerre, et les seconds aux sergents, caporaux ou soldats. Le noble duc a mis en outre à la disposition de l'administration tous les édifices qu'il possède à portée des côtes méridionales, afin qu'on puisse y établir des hôpitaux ou des magasins.

Un certain nombre de bataillons sont en marche vers les ports de l'Andalousie; on évalue à 20,000 hommes l'effectif des troupes qui seront bientôt prêtes à s'embarquer, en outre de la division Rios, qui a maintenant rallié l'armée; mais il faut dire aussi que d'après les évaluations les moins exagérées, celle-ci s'est affaiblie de 10,000 hommes pendant cette marche laborieuse de dix lieues.

LES FORTS DU RIO MARTIN

Janvier 1860.

Les forts de la rivière de Tétuan (rio Martin ou Guad-el-Jelu), auront eu les honneurs d'une longue résistance et de fréquentes mentions. Il semblait que la canonnade des vaisseaux français les eût déjà réduits au silence, et qu'il restât peu à faire à l'escadre espagnole pour les mettre à néant. Telle avait été notre pensée en rendant compte de l'opération dirigée, le 29 décembre, par l'amiral Herrera contre ces défenses, dont on avait parlé avec dédain. Cette dernière opération s'était faite avec un grand appareil; neuf bâtiments y figuraient : le *Nuñes de Balboa*, portant pavillon amiral, le vaisseau *Isabel II*, les frégates *Princesa* et *Blanca*, la corvette *Bilbao*, les vapeurs *Santa Isabel*, *Léon*, *Vulcano* et *Colon*. Les bâtiments avaient successivement passé devant l'un des forts en lui envoyant leur bordée de tribord; le feu, commencé par le *Balboa* à une heure un quart, était engagé sur toute la ligne à une heure et demie. Une grenade avait incendié la batterie; la canonnade faisait voler en éclats les créneaux de la tour. « La tour du Rio Martin, dit une relation, était criblée par les boulets du *Santa*

Isabel et à moitié rasée ». L'ennemi ne répondait plus.

Cependant le pavillon marocain, glorieusement mutilé, flottait encore au haut du mât. Pour compléter cette victoire de l'escadre, des navires pointaient sur ce malheureux pavillon; l'amiral les arrêta : « Je ne veux pas, dit-il, frapper un ennemi qui ne répond plus au feu de mes canons ».

Et c'est après ce « bombardement », après cette destruction, que les forts reparaissent avec une nouvelle importance dans les dépêches de l'expédition. « La batterie du nord de la rivière, écrit, le 6 janvier, le commandant des forces navales, nous a envoyé deux coups de canon assez bien dirigés, auxquels il a été répondu. Les canonnières arrivaient; mais le vent s'élevait, et j'ai été contraint de les renvoyer. » « Je suis convenu avec l'amiral Bustillos, ajoute le général en chef, à la date du 15, que demain matin on battra les forts de l'entrée de la rivière, et que la division Rios s'en emparera ».

Nous devons croire qu'aujourd'hui, après s'être deux fois relevés de leur ruine, après avoir été à deux reprises démantelés et brûlés, les forts du Rio Martin sont bien décidément acquis à l'armée espagnole; mais si la résistance de Tétuan doit être aussi vivace, nous n'osons plus dire, comme il y a cinq jours, que cet utile abri est enfin ouvert aux souffrances de cette brave armée.

Elle est campée en vue de la ville, appuyée

d'un côté à la rivière et aux forts, désormais silencieux, de l'autre côté à la mer, maintenant bien pourvue de vivres, bien fournie de munitions. La campagne est libre ; les Maures, auxquels la bataille a été offerte, ont fui en désordre devant le premier feu de l'artillerie, et ont gagné les versants de la Sierra de Bullones, pour reparaître à l'improviste, suivant leur coutume, se faire battre de nouveau et disparaître encore. Le parc de siége est arrivé et débarqué ; les reconnaissances se sont avancées sans obstacle jusqu'à une demi-lieue des murailles. Qu'attend-on ?

Veut-on faire un siége en règle, ouvrir des tranchées, construire des batteries ; le général O'Donnell prévoit-il une longue résistance ? « Tétuan, dit la *Gaceta militar*, est un ensemble d'édifices de peu de solidité, un labyrinthe de rues obscures et tortueuses, au milieu desquelles nos projectiles causeront d'horribles désastres. La résistance est impossible. Ils ont eu deux mois pour se préparer à la défense, mais ils n'ont pu faire des travaux qui puissent tenir contre la puissance de nos moyens d'attaque ».

On croirait donc que le premier boulet d'un canon de siége va traverser d'outre en outre ces murailles de plâtre et de torchis, que l'explosion de la première bombe va renverser tout un quartier de la ville ; et cependant il semble que les assiégeants se préparent à un long séjour devant cette campagne dégarnie d'ennemis et ces murailles qu'un souffle peut renverser ! On rassemble à Ceuta tout le bois, les madriers, les planches disponibles, on les embarque pour les conduire au camp du Rio Martin, « afin de construire devant Tétuan de grandes baraques qui seront d'une appréciable utilité pendant la durée du siége ». Ces baraques deviendront-elles une ville, comme Santa-Fé devant Grenade, ou Monréal de Campo auprès de Daroca ?

De toute manière, ces dispositions, les quantités considérables d'approvisionnements qu'on rassemble dans les ports d'Espagne, les armes qu'on fabrique ou qu'on transforme, les fusils qu'on raye, « par milliers » pour armer les corps de nouvelle formation, les canons qui se fondent à l'arsenal de Séville avec une activité sans exemple, les équipages de ponts qui arrivent, les renforts qui se préparent, tout semble démontrer que la prise de Tétuan est loin d'être l'unique but assigné aux efforts de l'armée espagnole

On a dit cependant qu'une fois cette ville au pouvoir de l'armée, on prêterait l'oreille à des propositions de paix. On assure que des pourparlers s'échangent entre Gibraltar et le camp, que des officiers anglais ont été reçus par le maréchal O'Donnell et ont assisté à un combat, qu'en échange de cette visite, le brigadier Gurrea s'est rendu à Gibraltar, d'où un vapeur anglais l'a transporté à Tanger. La reine d'Angleterre se borne à dire cependant, dans son discours au Parlement : « Je me suis efforcée, sans succès, de prévenir une rupture ».

Nous parlions des travaux de l'arsenal de Séville ; on y fabrique chaque semaine, d'après la *Gacela*, 8 ou 10 canons rayés de 12 centimètres, et 6 de 8 centimètres. La fonderie produit chaque jour 150 boulets pour canon uni, 550 pour canon rayé de 8 centimètres, et jusqu'à 20,000 bailes de plomb pour carabine rayée. Les produits de cette active fabrication, accumulés sur les plages du Rio Martin, fourniraient assurément à l'armée les moyens de se rendre de Tétuan à Fez ou à Mequinez, en dispersant victorieusement devant elle tous les contingents de l'empire.

Trois navires à vapeur, aux noms retentissants, *Hercule, Cavour* et *l'Empereur*, ont embarqué au passage les quatre bataillons de la légion basque pour la conduire à Cadix. Dans ce dernier port est arrivé le duc de Nemours, accompagnant son fils aîné le comte d'Eu, qui va servir dans l'armée espagnole et dans l'état major du maréchal O'Donnell. Le jeune prince, qui a maintenant près de dix-huit ans et qui porte l'uniforme d'officier de hussards, est parti de Cadix pour la côte d'Afrique sur le transport français *Pytheas*.

La souscription ouverte en Espagne au profit des blessés de l'armée, a atteint, à Madrid seulement et en trois jours, 2 millions de réaux ; elle s'organise partout avec un égal empressement. L'armée elle-même y prend part, et on écrit qu'à Burgos la cotisation des généraux, officiers et soldats s'est élevée à 125,081 réaux.

L'étendard enlevé aux Marocains au combat

de Castillejos a été présenté à la reine, qui l'a fait placer dans son oratoire. Hier la reine est allée en cortège à l'église d'Atocha; on portait devant elle ce glorieux trophée qu'elle a fait suspendre, en sa présence, parmi ceux qui décorent la royale basilique.

Les journaux de Madrid expliquent les lenteurs de l'attaque de Tétuan. L'armée veut se faire, à l'entrée du Rio-Martin ou Guad-el-Jelu, un dépôt considérable d'approvisionnements et se mettre à l'abri des misères dont elle a fait la terrible expérience dans sa pénible marche, depuis Ceuta. On accumule autour de la douane des vivres, des munitions, des ressources de toute espèce; on fait de ce point un camp retranché. La plage est bonne, l'entrée de la rivière paraît praticable aux bâtiments de faible tonnage; Tétuan, une fois pris et mis en communication avec ce camp par un chemin de fer, peut devenir une excellente base d'opérations pour l'armée. Il n'est plus question de Ceuta à ce point de vue.

Mais alors, pourquoi l'expédition du général O'Donnell ne s'est-elle point dirigée tout d'abord sur le Guad-el-Jelu? Les vaisseaux français, en tirant vengeance de l'insulte faite au *Saint-Louis*, lui avaient pour ainsi dire jalonné le chemin; et lorsque l'escadre eut obtenu, le 29 décembre, si prompte raison des forts de l'embouchure, elle se retira sans doute avec la conviction que rien n'était plus facile que de jeter une armée sur cette plage, si mollement défendue. Nous disons donc encore aujour-

d'hui que Ceuta a été inopportunément choisi
pour le débarquement des troupes espagnoles;
ce choix n'a plus qu'une justification : c'est
qu'on n'était pas prêt, au moment de ce départ déjà tant retardé, et qu'à défaut de vivres,
de munitions, de matériel et de chevaux, il fallait au moins la protection d'une forteresse. A
notre avis, c'est maintenant que la campagne
commence, la campagne utile; mais il reste
acquis à l'histoire que les Espagnols se sont
montrés, dans vingt sanglantes rencontres,
dignes de leur vieille réputation guerrière,
qu'ils ont repris leur place parmi les troupes
les plus braves et les plus éprouvées de l'Europe.

Tétuan va succomber; nous n'élevons aucun
doute à cet égard; mais ses défenseurs ont eu
le temps de se préparer à la résistance, et l'armée espagnole s'y attend. Les équipages de
ponts, construits à la direction du génie de
Guadalajara, sont partis; mais ne sont pas encore arrivés. Le parc de siége n'est débarqué
que depuis quatre jours; on attendait des vapeurs de faible tirant d'eau pour transborder et
mettre à terre ce matériel considérable. De
même aussi, on attend les traverses et les rails
du chemin de fer qu'on veut établir pour transporter cette artillerie à travers la campagne de
Tétuan, à mesure que l'armée y gagnera du
terrain. Ce parc se compose à présent de 40
pièces de gros calibre et de 20,000 projectiles;
on en évalue le poids à trois mille tonneaux.
La marine espagnole, comme la nôtre devant

Sébastopol, y ajoutera une batterie fournie par ses navires et servie par ses hommes.

Le général O'Donnell a déjà fait sommer la ville; des parlementaires européens, dit-on, sont venus jusqu'au camp pour demander qu'elle ne fût pas bombardée et promettre une reddition prochaine; mais les Marocains, campés aux alentours, ont manifesté l'intention de défendre la place à outrance. La lutte peut être encore sérieuse et, l'habileté avec laquelle avait été dirigé l'armement des batteries de la rivière nous donne à penser que l'attaque va trouver, derrière les murailles de Tétuan, des travaux auxquels elle ne s'attend pas.

Les journaux comptent néanmoins cette ville comme une possession désormais acquise. Les considérations dans lesquelles entre à ce sujet la *Gaceta militar* ne sauraient passer sans être signalées; elles démontrent, ce que nous avons déjà indiqué plusieurs fois, que l'Espagne pense bien qu'il sera fait quelque chose de ce territoire, si péniblement conquis au prix du sang de ses enfants.

« Par la prise de Tétuan, dit la *Gaceta*, l'Espagne acquiert une autre cité sur le sol africain; le territoire qui s'étend entre cette ville et Ceuta appartient désormais à la couronne d'Isabelle II. Les propriétaires de la plaine de Tétuan reconnaîtront bientôt de nouvelles lois, à l'ombre desquelles leurs champs fructifieront plus sûrement que sous le sabre oppresseur de Sidi-Mohamed. Ils ne sauraient ignorer que leurs frères de l'Algérie étaient pauvres et malheureux avant la conquête française, et qu'ils sont riches aujourd'hui.

« Tôt ou tard, tout le territoire marocain *redeviendra* partie intégrante de la monarchie espagnole, comme au temps du roi Sisebuth. La mort empêcha Ferdinand-le-Catholique d'aller, après la prise de Grenade, reconquérir l'autre côté du détroit; l'empereur Charles-Quint, occupé par les guerres de Flandre et d'Italie, fut forcé d'abandonner le projet de ses augustes aïeux, et, après lui, la décadence de l'Espagne ne permit pas de rendre à la monarchie de Don Rodrigue l'étendue qu'elle avait autrefois. Nous ne faisons donc pas une guerre de conquête, une guerre d'invasion, comme celle que nous firent les Maures amenés à Tarifa par le comte Julien; nous ne voulons que reprendre le pays que les empereurs du Maroc devaient nous rendre pour former un territoire à nos présides.

« Il faut pour cela, continue l'écrivain en poursuivant son doux rêve, envoyer en Espagne environ deux cents enfants de six à dix ans, les placer dans nos établissements de bienfaisance, leur donner une éducation première, leur apprendre un métier, leur ouvrir une carrière et en faire les apôtres de la civilisation dans leur pays ».

Le bon La Fontaine a fait deux fables qui rentrent à peu près dans ce sujet, et l'on ne saurait oublier la morale de l'une d'elles, qu'il ne faut vendre la peau de l'ours qu'après l'avoir couché par terre.

Les Maures, en attendant, se concentrent aux abords de Tétuan; l'empereur appelle les contingents de ses provinces, et les garnisons de Melilla et de Velez affirment que les chérifs des territoires voisins ont été invités avec menaces à recruter des hommes pour combattre les chrétiens. Un journal cite, à ce propos, les termes à peu près textuels du message de Sidi-Mohammed. Traduit en espagnol par les Maures du Riff, il a quelque analogie avec le langage créole des nègres de nos colonies, et on le prendrait de plus, pour une centurie de Nostradamus : « Si après trois lunes, chrétien ne pas retourner en son pays, lui pouvoir peu à peu arriver jusqu'à Méquinez et détruire maison du sultan, comme avoir détruit les forts de Tétuan ». Nul doute que l'Espagne n'accepte de grand cœur cette prophétie.

Les volontaires basques ne paraissent pas avoir encore quitté Saint-Sébastien, où les navires qui doivent les prendre ont été retenus par le mauvais temps. Les volontaires catalans sont organisés, ils forment un bataillon de quatre compagnies.

On cite parmi les dons faits à l'armée, à l'occasion de la guerre, celui d'une somme de cent mille réaux offerte par le duc de Montpensier, pour former le capital d'une rente à servir à la veuve ou aux enfants d'un officier mort en combattant. Le neveu du prince, le jeune comte d'Eu, a pris part, comme aide de camp du maréchal O'Donnell, à la dernière action, et a été décoré sur le champ de bataille de la croix de Saint-Ferdinand.

LE COMBAT DU GUAD-EL-JELU

Février 1860.

Notre dernière chronique était entre les mains de nos lecteurs lorsqu'est parvenue, par le télégraphe, la nouvelle de l'heureuse issue d'un combat important, livré le 31 janvier, par l'armée espagnole, en avant de ses lignes, à l'armée marocaine commandée par les deux frères de l'empereur, Muley-Abbas et Sidi Ahmed.

Les troupes espagnoles étaient campées sur la rive gauche du Guad-el-Jelu; les Marocains occupaient les hauteurs de la Sierra de Tétuan. Ces derniers descendirent de leurs positions, menaçant la droite du camp; l'armée chrétienne marcha à leur rencontre, les refoula vigoureusement, remonta avec eux les versants d'où ils étaient venus et l'artillerie, habilement manœuvrée, frappant au milieu de masses en désordre dont le chiffre paraît avoir été considérable, y causa des pertes énormes que la dépêche évalue à 2,000 hommes. La victoire a été complète.

Nous n'avons pas encore de nouvelles sur les suites de cette affaire, qui pourrait avoir entraîné la chute de Tétuan, bien que du point où se trouve l'armée, l'accès de la place ait été

difficile par les pluies, qui ont accru l'état ma-
récageux d'une partie de la campagne. Le
Guad-el-Jelu, qui passe sous les murs de Tétuan, descend en serpentant à travers cette
campagne ; sa rive droite est presque partout
dominée par des collines coupées de ravins
aujourd'hui torrentueux, et, parallèlement à la
rive droite, de la ville marocaine au camp espagnol, se dessine un chemin étroit, en partie
ferré de cailloux et de galets, mais peu praticable en ce moment. Ce n'est donc qu'en tour-
nant la partie marécageuse et en passant, pour
cela, au pied des hauteurs où les Maures ont
été refoulés en désordre, qu'on peut arriver à
pied sec en vue de la place. Cette opération
a dû être facilitée par la victoire du 31 janvier.

Ce combat était prévu. « Les Maures, disait il y a huit jours un journal de Madrid, ten-
teront encore sans doute les hasards d'un combat ; mais ce sera peut-être la dernière fois
dans cette période de la guerre. Que pourront-
ils faire, dans cette plaine, à peu près plate,
contre 24,000 hommes disciplinés et aguerris,
contre une artillerie nombreuse et bien conduite, contre l'impétuosité d'une cavalerie qui
a fait ses preuves et qui aura maintenant le
champ libre pour se déployer et charger libre-
ment ? Nous n'avons rien à redouter de Muley-Abbas, eût-il à nous opposer 30 ou 40,000
hommes. »

Le journal que nous citons atténue, il nous
semble, la gloire que l'Espagne s'est acquise

dans le dernier combat, évaluant si bas les forces marocaines. Si ces contingents mal armés, mal commandés, sans artillerie, à peu près dépourvus de tout, n'ayant pour eux qu'une furie et un acharnement sans exemple, ne dépassent que de 10 ou 15,000 hommes l'effectif de l'armée chrétienne, il y a disproportion évidente.

Malgré ces succès, et en raison même, on continue de se préoccuper de ce qui se fera si la paix vient à se conclure. Des troupes garderont, dans les blockhaus, le territoire conquis par l'armée. On fait venir dès à présent d'Espagne à Ceuta un détachement de 200 présidiaires, qui vont être employés à l'établissement d'une voie de fer à traction de cheval entre Ceuta et Tanger. Enfin, on paraît se proposer de fortifier une petite île rocheuse, l'île del Perejil, déjà forte par sa position, et qui se trouve entre Tanger et Ceuta, en avant de la côte africaine, et par conséquent au point le plus étroit du détroit, presque sur le méridien de Tarifa. Nous ne saurions, cependant, considérer comme sérieux ce dernier projet, qui, établissant à travers le détroit un système de feux croisés, aurait pour la libre navigation des inconvénients sur lesquels, dans l'état actuel des idées, les puissances européennes ne sauraient fermer les yeux.

Le camp, sur le Guad-el-Jelu, est dans une excellente position, et les défenses rapidement construites par le génie, le rendent inattaquable. La douane, où se faisaient les opérations du commerce de Tétuan, est un édifice de

construction irrégulière, renfermant un assez
grand nombre de locaux pavés en mosaïques
de couleurs variées ; quelques-uns avaient reçu
des réparations récentes, dirigées avec une entente qui trahit une occupation européenne ;
des bouteilles vides à vin de Champagne, qui y
ont été trouvées au moment de l'occupation,
justifient encore cette supposition. On a fait
de tout ce bâtiment une belle forteresse ; il est
entouré d'un solide parapet revêtu extérieure-
ment d'une rangée de futailles et de caisses
remplies de terre, coupé de huit ou dix embrasures armées de canons. Une belle plaine s'é-
tend en face, jusqu'aux premiers contreforts du
mont Negro, où se dessine la route par laquelle
l'armée, venant de Ceuta, est descendue le 15
janvier. En arrière est la rivière, et, sur la gauche, se trouvent les terrains inondés, traversés
par deux petits cours d'eau. Le camp est assis,
à partir de la douane, ayant le Guad-el-Jelu en
arrière et la plaine en avant du front de ban-
dière ; il est appuyé à son extrême droite par
le fort Martin, qui occupe sur la plage la pointe
nord de l'embouchure. Enfin, entre la douane
et la plage et derrière le camp, le terrain est
préparé pour recevoir un chemin de fer à traction de cheval, qui servira pour le transport
et l'emmagasinement des approvisionnements.
Quant à présent, le débarquement de ces approvisionnements et du matériel s'effectue sous
le fort Martin ; on a pu se procurer une assez
grande quantité de voitures et de chars pour les
diriger sur la douane.

Il se fait sur la plage et sur la rive du fleuve un mouvement des plus intéressants : les marchands de comestibles, les vendeurs ambulants y ont dressé des boutiques, déjà bien approvisionnées de comestibles de toute espèce, de fruits, de liqueurs. A l'embouchure et à l'abri de la pointe sud se pressent en grand nombre des navires de toutes formes et de tout tonnage, sans cesse en mouvement. La mer est calme maintenant; ses eaux sont pures et transparentes ; l'aspect du camp, d'où les maladies ont disparu et où les fatigues paraissent oubliées, est riant et des plus animés.

On attend de nouvelles troupes ; des régiments arrivés à Malaga sont destinés à former une division qui ralliera celle du général Rios, la dernière débarquée, pour constituer avec elle un corps d'armée qui prendra le titre de deuxième corps de réserve. La légion basque est embarquée. Deux des navires que nous avons nommés, *Emperador* et *Hercules*, sont partis de Saint-Sébastien avec 1,750 hommes, et le général Latorre, qui commande la légion.

Ces divers contingents de volontaires augmentent les ressources disponibles de l'Espagne, qui sont évaluées à un chiffre total de 275,000 hommes armés, ainsi répartis :

Armée active de la péninsule et des Baleares, 100,000 ; réserve, 60,000 ; garnisons des Canaries, 7,000 ; garde civile (gendarmerie), 10,600 ; carabiniers (douanes), 12,000 ; armée et réserve à Cuba, 40,000 ; à Porto-Rico,

7,000 ; aux Philippines et aux îles Mariannes, 17,600 ; marine, 20,000.

L'infant don François de Paule et l'infant don Sébastien ont assigné sur leurs revenus une pension annuelle de 4,000 réaux pour la veuve ou les orphelins d'un officier mort en combattant.

Les riches colons de Cuba ont pris part aux souscriptions de la métropole ; trois villes ont pris chacune l'engagement d'entretenir une compagnie d'infanterie, et certains habitants ont adressé des sommes considérables.

Les ateliers organisés à Madrid viennent d'expédier une importante quantité de pantalons, de capotes et de souliers ; l'armée commençait à en éprouver un impérieux besoin et ne pouvait malheureusement y suppléer à l'aide des dépouilles de ses ennemis demi-nus.

Il nous faut ici revenir en arrière, afin de mieux expliquer la marche suivie par l'armée et qui a préparé la reddition de Tétuan.

Il est tout d'abord une particularité de la marche de l'armée, à la suite de l'avantage remporté aux Castillejos le 1er janvier, qui n'a pas appelé l'attention autant qu'elle le mérite. En descendant, le 5 janvier, des hauteurs de la Condesa, l'armée se trouva arrêtée par d'immenses marécages. A droite se trouvait une ligne de montagnes couronnées d'ennemis ; à gauche s'étendait la mer, séparée des marais par une étroite bande de sables. Le rio Manuel, qui a conservé ce nom depuis l'occupation portugaise au seizième siècle, descend de

la Sierra de Bullones pour se perdre dans ces
marais. Ceux-ci, qui dépendent du territoire
de Tétuan, sont habités par une immense
quantité de sangsues et étaient exploités, jusqu'au moment de la guerre, au profit de l'Europe et de l'Amérique, par une entreprise qui
payait à l'empereur du Maroc l'énorme rede-
vance de quarante mille douros (200,000 fr.)
Les Maures s'attendaient à être attaqués sur
leurs rochers et se promettaient de précipiter
toute l'armée dans les marais ; mais celle-ci, à
leur grande surprise, s'engagea sur la langue
de sables, sous une pluie incessante et malgré
toutes les furies de la tempête, et vint camper,
sans avoir laissé un homme en arrière, au
pied des premiers contreforts du mont Negro.

Pendant cette première partie de la campagne, l'acharnement des combattants était tel de
part et d'autre, que les Espagnols n'ont fait
qu'une dizaine de prisonniers. Cinq d'entre eux
couverts de blessures, furent transportés à l'hôpital de Ceuta. Mais ces sauvages étaient dans
un tel état d'exaspération, qu'il était impossible
d'en approcher. Accroupis dans un coin de la
salle où on les avait enfermés, loin des lits
qu'on leur destinait, ils refusaient tout soin,
toute nourriture, il fallut employer la force
pour appliquer à leurs blessures les premiers
appareils qu'ils arrachèrent aussitôt qu'on les
eut laissés libres ; la vue d'une sœur de charité
les mettait dans des furies de bêtes fauves ; ils
se persuadaient que toutes ces attentions n'a-

vaient d'autre objet que de les réserver pour
quelque épouvantable supplice. Le temps, la
patience de leurs gardiens eurent enfin raison
de cette sauvagerie. « Lorsque j'entrai dans
leur chambre, écrit un visiteur, ils me regardè-
rent avec fixité ; je leur tendis la main ; ils la
prirent et la serrèrent avec de vives démonstrations de gratitude. Ils me demandèrent du sucre et des cigares, je leur donnai tous ceux que
j'avais, et ils en furent si contents qu'ils me
prièrent de ne pas les quitter : « Tu es un bon
« chrétien, me dit l'un d'eux, que Dieu te
« donne sa bénédiction. » Là-dessus, ils se
mirent tous les quatre à pleurer, et je ne pus
m'empêcher de faire comme eux. L'un était
chérif ou capitaine de cavalerie, l'autre alcaïde
et les derniers appartenaient à la classe inférieure. Ils m'ont écrit leurs noms sur un papier
que je conserve précieusement. »

Quatre de ces prisonniers, complètement
guéris, ont été conduits à Tétuan où ils recevront leur liberté. Cette mesure est sage et
d'une saine politique ; il est seulement fâcheux
que l'armée n'ait pas à sa disposition un plus
grand nombre de ces émissaires, qui contribue-
raient à modifier l'opinion que ces peuplades,
les plus sauvages de tout le nord de l'Afrique,
se sont faite des races chrétiennes et de la race
espagnole en particulier.

Les épisodes ont été nombreux, certains
faits d'armes sont de nature à émouvoir longtemps les sentiments patriotiques et les justes
vanités de ce noble peuple ; parmi eux, il faut

citer cet acte de bravoure imprudente du général Prim, qui, le 14 janvier, au Monte-Negro,
prit en main le drapeau d'un de ses bataillons,
entraînant à sa suite deux divisions qui parvinrent à déloger les Maures de hauteurs presque
inaccessibles, dont l'occupation importait à la
sûreté de l'armée.

Un récit de la *Gaceta militar*, nous fait voir,
sous un point de vue peu conforme aux traditions françaises, la nature des rapports qui
existent entre les officiers et les soldats de l'armée espagnole. Un artilleur aperçoit plusieurs
Maures occupés à séparer la tête du cadavre
d'un chasseur; il s'élance sans autre arme qu'un
poignard, tue l'un de ces sauvages, met les autres en fuite et revient, sous une grêle de
balles, rapportant des armes et le sac du chasseur.

Les officiers l'entourent et le félicitent ; l'un
lui donne quatre douros, le chef du bataillon
du chasseur mort lui remet pareille somme en
échange du sac, et d'autres font une collecte
pour lui acheter les trophées qu'il a recueillis.
« Notre homme, dit la lettre qui raconte ce
fait, a pu réunir ainsi un pécule. » Nous n'exa-
minons pas si cette petite expédition s'accorde
avec les doctrines d'une sévère discipline ;
mais la distribution d'argent nous semble peu
en harmonie avec ce qui nous est dit chaque
jour de l'orgueilleuse fierté de l'homme du peuple espagnol.

Il est encore un autre épisode qu'on prendrait pour un ressouvenir de ce célèbre siège

de Grenade, pendant lequel des défis chevaleresques s'échangeaient chaque jour, en avant
des lignes, entre arabes et chrétiens. La division d'infanterie du général don Henri O'Donnell, frère du général en chef, gravissait lentement les hauteurs, calme comme à la parade,
drapeaux déployés, musique jouant et tambours
battant, comme fit la brigade du général Tro-
chu à Solferino ; formant des carrés échelonnés
et repoussant devant elle, sans combattre, un
groupe d'environ mille chevaux. A une halte,
on voit se détacher de ce groupe un brillant
cavalier, portant un burnous écarlate garni
d'ornements en soie. On l'avait remarqué sur
plusieurs points pendant la bataille, dirigeant
les masses ennemies et payant courageusement
de sa personne, Il s'avance gravement suivi de
cinq ou six cavaliers. Le général envoie à sa
rencontre son aide de camp, don Luis Maturana,
avec un peloton d'ordonnance et des gardes ci-
vils. On s'aborde, on se charge, un garde civil
tombe, les ennemis l'entourent pour l'enlever.
Leur nombre augmente ; M. Maturana se lance
résolument au milieu d'eux, le revolver au poing,
blesse deux cavaliers et tue le chef. Le groupe
de cavaliers maures se masse pour charger; la
division O'Donnell déploie deux compagnies
de tirailleurs qui les dispersent, et ramènent en
triomphe l'aide de camp et le corps du chef
ennemi, qui était, dit-on, l'un des plus hauts
personnages de l'empire. Ses dépouilles furent
remises au général O'Donnell, et son cheval au
général Prim, commandant du corps d'armée.

7

Nous avons expliqué comment l'armée avait assis son camp sur la rive gauche du Rio-Martin, auprès de son embouchure, ayant derrière elle ce fleuve, en avant, une vaste plaine limitée par les pentes du Monte-Negro ; à gauche, au premier plan, des marécages sur lesquels il était question de construire un chemin de fer pour conduire l'artillerie de siège vers la place ; du même côté, aux plans plus éloignés, une belle campagne, puis les versants de la Sierra de Bullones. L'armée marocaine était campée au milieu de ces versants, commandant par conséquent la plaine. Si l'artillerie ne pouvait arriver devant Tetuan que par la voie de fer à construire, l'armée, de son côté, n'avait pour atteindre le même but que l'étroit chemin, mal empierré, remontant la rive gauche du Rio-Martin, entre ce fleuve et les marécages. Le maréchal O'Donnell résolut donc le 31 janvier, d'aller attaquer les Maures sur leurs hauteurs, de manière à rendre libre la campagne, puis d'amener son armée devant Tetuan en la déployant.

Ce fut une victoire sérieuse, à la suite de laquelle les princes marocains, laissant aux Espagnols la première ligne de collines, se retirèrent plus avant dans la montagne et plus près de la place qu'ils avaient mission de défendre.

La cavalerie espagnole, montée sur d'excellents chevaux des plaines andalouses, joua un grand rôle dans cette bataille. Après les hussards, qui s'étaient brillamment conduits aux Castillejos, après les lanciers de Farnèse, qui

avaient fourni une charge vigoureuse devant le
camp du Rio-Martin, les cuirassiers voulurent
aussi faire leurs preuves. Ils se lancèrent à fond
de train dans la plaine, au milieu de ces masses
sauvages, sabrant et massacrant à l'envi ; puis
lorsque les Maures, plus nombreux, poussant
des hurlements fanatiques, furent tous descendus sur le champ de bataille, les cuirassiers
firent volte face, et derrière eux vint l'artillerie
qui vomit au milieu de cette tourbe un déluge
d'obus et de boulets.

LA REDDITION DE TETUAN

4 Février 1860.

Après cette brillante victoire du 31 janvier, l'armée se reposa deux jours sur le terrain qu'elle avait conquis. Le 4 février, le général en chef donna le signal de marcher en avant et d'aller chercher l'ennemi au milieu de son camp. Les deux frères de l'Empereur, Muley el Abbas et Sidi Ahmed, occupaient, en avant de la ville, deux enceintes très fortifiées, armées de quelques canons. Le général Prim se mit à la tête de l'avant-garde, menant avec lui le bataillon des volontaires catalans, ses compatriotes, débarqués de la veille, et qu'il harangua dans leur dialecte. Puis le sabre dans une main et un drapeau dans l'autre, il s'élança tête baissée dans le fossé, gravit le retranchement, et pénétra dans le camp par l'embrasure d'un canon. A la suite du général, les volontaires chargèrent à la baïonnette aux cris de vive la Reine, sans tirer un coup de fusil, escaladèrent les retranchements, délogèrent l'ennemi, que l'armée, arrivant ensuite sur plusieurs côtés à la fois, mit en déroute complète. Les Maures traversèrent Tetuan en désordre ; les contingents du Riff reprirent aussitôt la route de leur pays, et le reste courut tumul-

tueusement, dans une démoralisation complète,
par le chemin de Fez, à la suite des frères de
l'empereur.

C'est le lendemain de ce coup de main décisif, que le maréchal O'Donnell, maître du camp
ennemi, de 800 tentes, de 9 pièces d'artil'erie,
de deux drapeaux et d'un grand nombre d'objets précieux pour les vainqueurs, fit sommer
Tetuan, donnant aux défenseurs de cette place
vingt-quatre heures pour se décider. Pendant
ce délai, l'armée marocaine abandonna la ville,
et la populace y commit de regrettables désordres. Une députation de notables vint implorer
la protection du maréchal, qui fit tout aussitôt
occuper la citadelle, les forts et tous les points
importants par la division du général Rios.
L'entrée de ces troupes, malgré la démarche
qui l'avait hâtée et malgré les désordres de la
veille, frappa de consternation cette population
fanatique, et surtout ces braves descendants
des anciens maîtres de l'Andalousie, qui se
voyaient poursuivis par la race chrétienne dans
le refuge choisi par leurs pères il y a 368 ans.
Mais la sage attitude des vainqueurs, la discipline parfaite et les consignes sévères imposées
aux troupes, rassurèrent les esprits; dès le lendemain, les habitants des villes voisines venaient chercher, sous les murs de Tetuan, la
protection des Espagnols contre les excès des
fuyards.

LA NOUVELLE A MADRID

4 Février 1860.

Nous devons suivre à Madrid la dépêche télégraphique annonçant la prise de Tetuan. — Aussitôt après l'arrivée de cette heureuse nouvelle, la reine avait spontanément déclaré qu'il fallait ériger Tetuan en duché, et nommer O'Donnell duc de Tetuan. Le décret a été immédiatement rédigé et promulgué. Aux premiers coups de la salve qui annonçait à la capitale le succès de l'armée, toute la population est descendue dans les rues; elle n'est rentrée chez elle que trois jours après.

Au bruit du canon, au son des cloches, aux fanfares de toutes les musiques des régiments, se sont organisées des processions promenant des bannières et des inscriptions en l'honneur de l'armée, de la reine, des généraux. Pendant ces trois jours, une foule pressée n'a pas quitté la place devant le palais, acclamant la reine. Sa Majesté est venue plusieurs fois à ses fenêtres, conduisant par la main le jeune prince des Asturies, âgé de deux ans et demi, qui portait sur la tête le képi-ros national, en feutre blanc. Les processions parcourant la ville, toute tendue de draperies, s'arrêtaient devant les hôtels des principaux personnages, sous les fenêtres de la duchesse de Tetuan, et du brave général Zabala, revenu paralysé à la suite des rudes fatigues de la marche de Ceuta au rio Martin. Les cris de joie, les félicitations, les vivats redoublaient pendant ces haltes. Les journaux ont paru entourés d'ornements, de guirlandes et de fleurons typographiques; l'un d'eux, la *Gaceta militar*, du 7, portait en gros caractères en tête de sa première page : *Vive Isabelle II! vive l'Espagne! vivent l'armée et la flotte!*

« La bannière espagnole se déploie sur les murs de Tetuan, s'écrie ce journal; aujourd'hui est jour d'allégresse.

« Cette joie ineffable nous semble un rêve. Est-ce un rêve, ce triomphe vraiment national, ce pas gigantesque qui nous ramène à la place que notre nation doit occuper parmi les nations civilisées, au lendemain du jour où nous épuisions notre sang et notre vigueur dans les horreurs de guerres impies et intestines?

« Est-ce un rêve que cet acte imposant de puissance, cette armée, ce train de guerre, cette victoire, lorsqu'hier encore nous étions condamnés à une honteuse nullité, lorsque notre attitude autorisait ces barbares, maintenant agenouillés devant notre drapeau, à insulter l'écusson de Castille et à le traîner dans la poussière?

« On dirait un rêve; et cependant c'est un fait réel, accompli devant l'Europe étonnée; c'est une page qui appartient à l'histoire! »

C'est sur ce style dithyrambique, avec ce langage enthousiaste, bien permis à un grand

peuple qui se redresse, que des poésies, des
odes, des proclamations triomphantes sont lues
à haute voix dans les théâtres et dans les cafés.
On va chercher chez eux les poètes en renom,
les improvisateurs aimés de la foule, les ora-
teurs des grands jours, on les fait monter sur
la scène, ou au pied de la *farola* de la Puerta
del Sol, ou sur une table de marbre, et le silence avec lequel on les écoute est, de moment
en moment, interrompu par des tonnerres d'ap-
plaudissements. N'est-ce pas là, toute vivace
encore, la vieille et sainte tradition des races
latines? n'est-ce pas comme le peuple de
Rome aux comices, se préparant à fêter le
triomphateur? Au café de l'Iris, dans la rue
d'Alcala, le plus vaste des établissements de ce
genre, une ardente composition du jeune don
Émilio Arjona, produisit une espèce d'ivresse;
on criait, on pleurait, on s'embrassait.

Il est à remarquer que le langage et l'attitude des Anglais, à l'égard des Espagnols se
sont grandement modifiés depuis que ceux-ci
ont donné, sur le territoire africain, de telles
preuves d'énergie et de vigueur. Un officier de
Gibraltar visitait l'autre jour le camp du Rio
Martin : — Que pensez-vous de nos hussards ?
lui demanda quelqu'un. — Soldat espagnol !
répondit-il. — Et de nos artilleurs ? — Soldat
espagnol ! — Et de notre garde civile ? — Soldat espagnol ! — L'Anglais, ajoute le commen-
tateur, voulait-il dire par là, sans se compro-
mettre, que le soldat espagnol était tout à la
fois bon fantassin, bon artilleur et bon cavalier.

Le lendemain de la brillante affaire du 4, où l'armée, lancée par le maréchal O'Donnell et entraînée par le bouillant courage du général Prim, s'empara des retranchements du camp marocain, on vit sortir de Tétuan, en ce moment livré à une complète anarchie et menacé par ses défenseurs, quatre Maures précédés d'un drapeau blanc. Cette scène fut encore une réminiscence des luttes du quinzième siècle entre les Arabes d'Andalousie et les Castillans d'Isabelle la Catholique.

Les quatre messagers marchaient lentement, gravissant la montagne par un sentier bordé d'aloës et de nopals épineux. L'un d'eux était monté sur une mule magnifique ; c'était un beau vieillard de haute taille, portant une longue barbe blanche et la moustache soigneusement relevée ; il était vêtu d'un ample caftan bleu, d'une tarbouche rouge ; il portait des bas et des souliers à l'européenne. Ce vieillard, nommé Jamet-el-Abebir, était l'agent consulaire d'Autriche et de Danemark. Un second, jeune, grand, au regard expressif, blanc de teint et les cheveux châtain clair, portait un burnous blanc, un turban, il avait les jambes nues, les pieds chaussés de babouches noires. Ses mains étaient aussi blanches que celles d'une femme. Le troisième, de petite taille, avait les mains calleuses et semblait appartenir, comme le quatrième, qui portait le drapeau, à la classe inférieure.

Le maréchal O'Donnell visitait une partie éloignée du camp ; on les fit attendre. Ils se

tinrent debout, muets et graves, jusqu'au moment de l'arrivée du général en chef. La musique jouant la marche royale, les tambours battant aux champs, les soldats se mettant en ligne et présentant les armes devant leur glorieux
chef, rien ne troubla l'attitude réservée des
parlementaires. O'Donnell vint à eux, reçut
leur salut avec un fin sourire qui lui est propre,
leur fit signe d'entrer dans sa tente, à la porte
de laquelle le quatrième Maure planta son drapeau.

« Cette commission, dit le maréchal dans
son rapport, m'exposa que la ville était parta-
gée entre deux partis; l'un qui voulait se rendre et qui demandait sauvegarde pour les personnes, les propriétés et les coutumes; l'autre,
qui voulait résister à outrance et que soutenait
un corps marocain assez nombreux. Je donnai
vingt-quatre heures à ces parlementaires pour
amener la ville à un sentiment unanime ».

LE LENDEMAIN

6 Février 1860.

Le lendemain matin, 6 février, quatorze mortiers étaient prêts à ouvrir le feu; une nouvelle commission accourut annoncer au maréchal que les défenseurs avaient mis la ville au pillage. C'est alors que la division Rios reçut l'ordre d'y pénétrer.

« Rien, dit une correspondance, n'était plus navrant que cet état de dévastation, surtout dans le quartier juif. Les portes partout brisées, les meubles en débris jonchant les rues, les magasins du quartier juif bouleversés, et, dans les habitations des notables, les pièces d'argent semées sur le sol, parce que les bandits n'avaient eu le temps d'en emporter qu'une partie. Ces braves gens, effrayés, ne sachant quel accueil nous allions leur faire, se traînaient sur les genoux, nous baisaient les mains, criaient en mauvais espagnol « vive la reine d'Espagne, vive l'armée des chrétiens! » Ils avaient les larmes aux yeux et nous racontaient, au milieu de leurs acclamations, les rudes et indignes traitements qu'ils venaient de subir de la part des troupes impériales. Ils étaient à peu près nus; les pillards avaient tout enlevé dans leurs maisons; ils mouraient de faim et

se jetèrent avec avidité sur le biscuit que les
soldats leur donnèrent. Les femmes s'étaient
réfugiées sur leurs terrasses ; lorsqu'elles virent
que nous nous conduisions autrement que les
Bédouins, elles s'empressèrent de descendre
et vinrent aussi nous baiser les mains et nous
féliciter. Elles avaient été aussi maltraitées que
les hommes ; leur état faisait compassion ; elles
avaient peine à cacher à nos regards ces magnifiques beautés qui font la réputation des
juives de Tétuan ».

L'ordre a été promptement rétabli dans la
ville ; le général Rios en a été nommé corrégi-
dor ; des commissions de notables ont été
chargées de l'administration, de l'organisation ;
les rues et les places ont reçu des noms chers
à l'Espagne ; la propreté européenne a succédé
à la dangereuse saleté arabe ; les désordres du
pillage ont disparu. Les fugitifs, partisans de
l'empereur et des princes, sont rentrés, et déjà
les habitants sont en mesure de fournir quinze
mille rations par jour à l'armée. Les marchands
et les industries nombreuses qui s'étaient un
instant placés à l'ombre du camp du rio Martin, se sont installés dans la ville ; la tolérance
chrétienne a donné aux Juifs, dans le quartier
où les confinait le régime mahométan, de plus
grandes libertés, et déjà Tétuan est le but de
voyages de plaisir qu'entreprennent les habitants de toutes les villes maritimes du sud de
l'Espagne. De Malaga, de Cartagène, d'Alicante, d'Alméria, la traversée se fait en peu
d'heures, et de l'embouchure du rio Martin

jusqu'à la ville, le chemin de fer, rapidement construit sur la berge du fleuve, est en pleine activité. Tétuan est désormais une cité espagnole, et ce n'est pas pour retourner aux barbares qu'elle a été érigée en duché. D'autres titres dont les noms seront empruntés aux localités où l'armée espagnole s'est illustrée, seront donnés à divers généraux.

La prise de Tétuan a donné un nouveau caractère à cette expédition intéressante. L'armée espagnole occupe une des villes saintes de l'empire marocain; ses navires peuvent se mettre à l'abri de la tempête dans une baie où le mouillage est sûr; elle a sur la plage de vastes magasins, maintenant approvisionnés pour de longs jours, et ces magasins sont reliés à la ville par un chemin de fer de 9 kilomètres, pourvu de tout le matériel qui a été prêté par les chemins de fer de Cordoue à Séville, de Séville à Cadix et de Madrid à Alicante. Le premier soin du maréchal O'Donnell a été de faire transformer en hôpitaux les bâtiments les plus vastes de la ville. Les précautions nécessaires avaient été prises à l'avance; un nombreux matériel hospitalier avait été envoyé de Barcelone et de Malaga, dans la prévision de la reddition de la place. L'armée se repose, se refait et répare les désastres de cette longue et pénible marche. Son état sanitaire a, du reste, été moins affecté qu'on ne devait s'y attendre, les fièvres et le choléra, qui avaient un instant sévi avec quelque rudesse, ont à peu près disparu en vue de la ville promise.

L'armée ne reste pas non plus inactive ; des reconnaissances ont été poussées, autour de la ville, à deux ou trois lieues dans les diverses directions, et jusqu'à une petite distance du croisement des routes de Fez et de Tanger, où paraissent s'être ralliés les débris de l'armée marocaine ; puis encore sur la rive droite du rio Martin et au milieu des collines du Riff. On paraît se préparer à une marche en avant, et déjà on aurait adopté, pour cette marche, l'ordre quadrilatéral. Ceci, tout naturellement, est subordonné à la suite qui pourra être donnée aux propositions de paix faites au maréchal O'Donnell par Muley-Abbas, et auxquelles la reine d'Espagne paraît avoir déjà répondu par un ultimatum énergique.

Les opinions se partagent sur les plans ultérieurs de la campagne ; un parti nombreux, moins confiant, non pas dans les ressources du pays, mais dans l'habileté plus d'une fois compromise des chefs de l'armée, penche pour la paix, et donne quelque crédit à ce qui a été dit des premières ouvertures faites à cet égard par les autorités anglaises de Gibraltar. L'autre partie de la nation, disons d'ailleurs le plus grand nombre, demande la continuation de la guerre, et combine des expéditions dirigées de concert ou séparément sur Tanger, Fez et Rabat.

Ce dernier point serait le fait de la flotte, et la France lui en a montré le chemin en 1844...

Pour entreprendre une marche sur Fez, au

cœur même de l'empire, à travers des contrées inconnues, il faut une armée autrement nombreuse, et cette fois il faudrait occuper les places, jeter des ponts, commander tout le pays. Le chemin de Tétuan à Fez ne passe pas loin d'Alcazarquivir, où le malheureux Don Sébastien de Portugal vint périr avec toute son armée ; c'est un cruel enseignement, et cependant le maréchal O'Donnell, dans sa dernière dépêche, demande des effets de campement « pour pénétrer dans l'intérieur ». Quelle sera l'utilité d'une telle entreprise ?

Pour atteindre Tanger, qui forme l'un des angles d'un triangle allongé, au sommet duquel est Tétuan et à l'autre angle duquel est Ceuta, il faut s'engager de nouveau dans les montagnes à l'ouest de la ville conquise, et pénétrer au milieu des ramifications de l'Atlas, qui couvrent presque tout le sol marocain. La tentative est encore difficile.

Nous n'avons, du reste, pas de probabilités à formuler ; notre rôle, plus facile, est de suivre la marche de l'expédition et d'en résumer les nombreux récits de la manière la plus utile pour nos lecteurs.

La paix se conclura-t-elle actuellement ? N'est-il pas plutôt dans l'intérêt de l'Espagne que l'heureux élan qui vient de réveiller tous les grands sentiments du pays ne soit pas aussi brusquement arrêté ? Nous sommes de ceux qui pensent que cette belle preuve de force et de vertus guerrières ne suffit pas pour le résultat que l'Espagne doit chercher à atteindre ;

qu'il lui faut encore d'autres épreuves, dussent-elles lui coûter une fois autant, pour légitimer le langage toujours trop emphatique et trop promptement glorieux des organes de l'opinion publique. Nous n'admettons pas encore qu'il ait suffi de ces trois mois de campagne pour rendre à la couronne d'Isabelle, de Charles-Quint et de Philippe II, les fleurons qui en sont tombés. C'est dans cette pensée que nous sommes loin d'applaudir au langage que nos lecteurs vont entendre ; il vient d'ailleurs, nous devons le dire, d'un provincial et d'un Andalou; on est plus calme et plus sensé à Madrid :

« Le général O'Donnell a replacé l'Espagne parmi les nations de premier ordre; il a fait en trois mois, à la tête de sa courageuse et patiente armée, plus que les trois hommes d'État illustres qui conduisaient les destinées du pays au temps de Ferdinand VI et de Charles III (Ensenada, Florida-Blanca et Aranda); il a réparé en partie les fautes des ministres des Philippes et de Charles II ; il s'est rendu digne de tous les honneurs qu'avaient conquis Gonzalve de Cordoue, par la guerre, et le cardinal Cisneros, par la politique. Isabelle Iʳᵉ eut auprès d'elle deux hommes éminents; Isabelle II en possède un seul qui réunit, *consilio manu que*, toutes ces qualités remarquables ! ! »

Un mot, encore, des dons que les journaux espagnols continuent d'enregistrer à l'occasion de la guerre :

La municipalité de Séville prend l'initiative d'une résolution importante; elle demande à la

Reine d'autoriser les députations provinciales espagnoles à ouvrir des souscriptions volontaires, dont le produit serait employé à offrir à l'Etat, dans chaque province, un navire de haut bord.

L'infant don Henri, frère du roi, et l'infante, sa femme, offrent deux pensions de 5,000 réaux à des veuves d'officiers tués à l'armée. — La commission permanente de la grandesse d'Espagne vient de mettre à la disposition du gouvernement une nouvelle somme de 723,500 réaux, qui porte à 1,231,500 réaux le chiffre des souscriptions de cette partie éminente de la nation. — Aux colonies, la ville de Mayaguez, à Porto-Rico, s'est cotisée pour expédier à l'armée d'Afrique un navire chargé de rhum, de café et de tabac.

M. Salamanca, le financier magnifique de Madrid, a remis au ministre de la guerre, pour diverses affectations, 120,000 réaux.

Une souscription ouverte à Bayonne a produit 6,800 fr.

Cuba et la Havane offrent des sommes considérables, et on cite surtout un prêt de 300,000 piastres (1,500,000 fr.) sans intérêt, offert pour une année par la Banque, 10 millions de réaux souscrits dans toute l'île, 2 millions légués par un riche capitaliste, des engagements pris par beaucoup d'autres d'entretenir, pendant toute la durée de la guerre, les uns six soldats, d'autres trois et quatre. Le tabac et les caisses de cigares figurent dans ces envois en nombre imposant.

LA PAIX OU LA GUERRE

1er Mars 1860.

« Rien de nouveau de Tétuan, dit une des dernières dépêches; tout porte à croire que la guerre continuera ». Et la plus récemment parvenue annonce la brusque rupture des pourparlers entre le maréchal O'Donnell et Muley Abbas. Ce résultat était à peu près généralement prévu à Madrid.

Les conditions signifiées par le gouvernement espagnol sont fermes et précises; elles stipulent, dit-on, que tout le territoire conquis et parcouru par l'armée restera désormais acquis à l'Espagne; elles réclament la cession d'une bande de territoire pour relier entre eux les présides de Velez, d'Alhucemas et de Melilla, et exigent une contribution de 200 millions de réaux. On s'attend à voir l'empereur du Maroc se refuser à ces conditions, et les journaux les plus dévoués au gouvernement se félicitent d'avance de ce résultat. En admettant que Sidi-Mohammed, mieux éclairé, vienne à y souscrire, il est douteux, si nous en croyons quelques correspondances, que la masse du peuple se montre satisfaite d'une aussi prompte terminaison; on a réveillé ses instincts belliqueux, elle a été bercée de projets de conquête,

on lui a fait entrevoir l'Espagne reprenant, à
l'aide de ces gloires nouvelles, une partie de
son ancienne prépondérance; elle caresse l'idée
de ne plus voir sur le vieux sol espagnol *rien
qui ne soit espagnol*, et pourrait bien aujour-
d'hui se plaindre d'être trop brusquement ra-
menée à d'offensantes réalités.

On use, à Madrid, pour exciter ou sonder
l'opinion populaire, d'un vieux moyen, célèbre
à Rome : la Puerta del Sol, ce forum madrilègne, ne possède pas les statues de Pasquin et
de Marsorio; mais aux coins des rues, sur les
volets des boutiques, on voit souvent affichés
des *pasquinès* en prose ou en vers, qui font appel aux sentiments de la foule. « De stupides
pasquinades, dit un journal, prétendent que
dans les hautes régions du gouvernement on
désire la paix à tout prix, pour réserver à d'autres entreprises notre glorieuse armée. N'en
croyez rien, c'est une imputation insidieuse;
notre reine est fière de voir nos armes triomphantes et admirées en Europe, et si ardents
que puissent être les désirs de nos ministres de
couronner une brillante campagne par une paix
glorieuse, Isabelle veut aussi ne pas laisser stériles tant de grands sacrifices et tant de sang
répandu. »

La part de l'armée espagnole est en effet devenue belle aujourd'hui. Elle a un port, et une
place forte, non pas isolée sur un rocher,
comme Ceuta, mais bien assise dans l'intérieur
du pays, entourée d'un vaste territoire qu'elle
commande, et d'une riche campagne qui peut

fournir aux troupes d'utiles ressources. La saison devient favorable; les tempêtes du détroit
ont cessé, la température est salutaire, les maladies ont disparu sous les heureuses influences
d'un printemps précoce et d'un repos profitable.
Ces vingt combats successifs, tous heureux par
le résultat, quelque coûteux qu'ils aient été,
ont frappé de crainte ces barbares, jusque là
peu instruits à respecter le nom espagnol. Les
fanatiques persistent sans doute; ils cherchent
à remuer les tribus au cri de « guerre sainte »,
mais leurs efforts sont à peu près impuissants;
le pays est abandonné.

A Tanger même, où la défense paraissait
avoir été vigoureusement organisée, la terreur
est devenue si grande, que presque toute la
population a émigré vers l'intérieur; la garnison,
très réduite, se compose de contingents qui
ont déjà fait connaissance avec les Espagnols
devant le Serrallo, et la partie maritime de la
ville est presque abandonnée. Le moment est
certes opportun pour une tentative sur cette
place qui semblait, au début de la campagne,
interdite aux prétentions de l'armée espagnole,
et les hommes qui connaissent le pays assurent
qu'une fois qu'on aura eu raison, dans un combat dont l'issue ne saurait être douteuse, des
bandes que Muley-Abbas réorganise à grand'-
peine à l'embranchement des deux routes de
Fez et de Tanger, l'armée pourra continuer sa
marche, sans obstacles, par les belles vallées
qui longent les versants méridionaux de la
Sierra de Bullones. La division restée au Ser-

rallo combinera sans doute un mouvement vers le même but, par les gorges d'Anghera; on assure qu'elle va recevoir à cet effet un renfort important, qui comprendra la légion basque, maintenant arrivée à Cadix, où elle a reçu son armement de carabines Minié des fabriques de Liège. L'escadre espagnole, jusque-là presque confinée à Algésiras par le mauvais temps, ou occupée à assurer les approvisionnements maintenant accumulés au camp du Rio Martin, se prépare à une expédition importante. On parle de Larache ou de Rabat.

La détermination d'un territoire autour des présides n'est pas l'œuvre la moins importante à entreprendre de cette campagne. Nous disions, il y a bientôt deux mois (6 janvier), que le calme et l'entente cordiale régnaient à Melilla, pendant qu'on guerroyait entre Ceuta et le cap Negro; cette paix apparente n'a pas été de longue durée. Le brigadier Buceta, gouverneur de la place, jugeant utile, malgré des recommandations contraires, de faire acte de vigueur au milieu des masses qui l'observaient, tenta une sortie dont les premiers résultats furent heureux. Il s'empara de positions avancées et s'y installa; mais assailli par des forces nombreuses, il ne put conserver les positions acquises; il battit en retraite avec des pertes sensibles. Le désastre eût pu être plus grand encore, et peu s'en est fallu que les Maures n'entrassent dans la place pêle-mêle avec les Espagnols.

Il résultera de cet incident malheureux la

nécessité, pour l'Espagne, de vigoureuses démonstrations vers ses possessions du littoral méditerranéen. La position y est rarement tenable. S'il convient quelquefois aux caprices des tribus sauvages du Riff d'entretenir avec les trois places espagnoles un semblant de bonne harmonie, il leur arrive plus souvent de se mettre sur le pied d'hostilité acharnée. Des hommes s'embusquent derrière un rocher, derrière un pli de terrain, y restent des journées entières, guettent le moment où paraîtra derrière un créneau la tête d'une sentinelle, et font feu dès que l'occasion devient favorable. Tout dernièrement la tempête apporta sur la plage, auprès de Velez, une barque désemparée, provenant, sans nul doute, du mouillage du Rio Martin; les Riffains se précipitèrent pour conquérir cette épave, et il fallut tout le jour faire feu des canons de la place pour les tenir à distance; il eût été impossible d'envoyer sans danger un détachement pour amener la barque à l'abri du port. Quand vint la nuit, le feu cessa, les sauvages en profitèrent pour démembrer leur prise et s'en partager les débris.

Il faut donc qu'une expédition nettoie cette côte inhospitalière, qu'elle réponde, par un acte de vigueur, à une défaite dont les Maures ne manquent pas de tirer parti, et dont ils exagèrent sans doute encore les proportions. Il nous paraît probable que ce malheureux événement changera les plans d'opération du maréchal O'Donnell et le détournera de cette marche sur Fez, à laquelle on le disait très disposé. En marchant sur Fez, en y pénétrant, il pourrait, sans doute, dicter plus impérieusement des conditions qui satisferaient complétement l'honneur national; mais ces conditions, vinssent-elles à mentionner formellement la cession d'un territoire s'étendant du Rio Martin à l'Isly, n'obligeront nullement les populations du Riff, fort peu sensibles aux ordres venus du centre de l'empire, et fort peu disposées à d'autres injonctions qu'à celles notifiées par la poudre. C'est une race traîtresse qu'il faut terrifier, et qui mord encore lorsqu'on l'a couchée par terre. Nous n'en donnerons qu'une preuve toute récente, venue de Tétuan le lendemain même de la victoire; c'est l'assassinat nocturne de deux soldats dans leur logement, au centre même de la ville conquise, et celui de deux cantiniers surpris à un kilomètre des murs.

L'Espagne donnera satisfaction à son légitime amour propre, à ses griefs et aux enseignements de l'histoire, en gardant Tétuan et en prenant Tanger, dont elle trouvera probablement les portes ouvertes. Cela fait, c'est à l'Europe qu'elle rendra un éminent service en achevant la destruction des repaires de la côte africaine, en complétant ainsi l'œuvre à laquelle nous travaillons depuis bientôt soixante ans. Ses journaux nous rendent pleine justice à ce sujet ». C'était une honte pour la société chrétienne, disent-ils, que l'existence, de l'autre côté de la Méditerranée, de cette race dégradée, de ce bey régnant sur des hordes de pirates et d'esclaves. La France avait de bien autres intérêts en Europe, et cependant, elle s'est détournée du chemin qu'elle doit y suivre, pour venir remplir, dans un moment de trève, cette mission de civilisation. Et nous, qui devrions être à tant de titres une puissance maritime, qui possédons de si belles côtes et de si grands ports sur la Méditerranée, n'est-ce pas là notre rôle providentiel? Nous n'avons rien à faire en Europe; à nous reviennent les rivages qui font face aux nôtres, c'est notre terre promise. Charles-Quint en a éclairé le chemin, et nos grands hommes des temps passés, Cisneros et Mendoza, nous la montrent du doigt ».

Ce que nous venons de citer est la paraphrase d'un *pasquiné* qui se lisait l'autre jour dans une des principales rues de Madrid : « Le Saint-Père est bien à Rome et O'Donnell à Tétuan ». Ce qui signifie que l'Espagne n'a rien à voir dans la question romaine, et qu'elle doit continuer la guerre d'Afrique.

O'DONNELL ET PRIM

Mars 1860.

Les hostilités, un instant suspendues à l'occasion des propositions de paix, ont repris avec vigueur. Cette seconde phase de la guerre africaine semble devoir être tout aussi fâcheuse que la première pour les armes et les intérêts de l'empereur du Maroc. La flotte espagnole, partie d'Algésiras, a franchi le détroit; elle a été signalée par les vigies du cap Malabella, en avant de Tanger, et cette nouvelle a augmenté la terreur du petit nombre de défenseurs restés dans la place. Mais la flotte a passé sans réaliser une menace dont l'exécution est attendue tous les jours; elle a doublé le cap Spartel, et s'est arrêtée devant Arzila, petit port de la côte occidentale, situé à une dizaine de lieues environ, au sud du cap. Le bombardement a aussitôt commencé, la place a considérablement souffert, et la flotte, continuant sa marche vers le sud, a fait subir le même traitement au port plus important de Larache, auquel notre dernière chronique prédisait cette fatale destinée, et qui, à une autre époque, en 1610, avait déjà succombé sous les armes espagnoles. Les défenseurs de Larache ont essayé de résister; la flotte a perdu un homme, et plusieurs autres ont été contusionnés. Rabat, vers lequel l'expédition va se diriger maintenant, après avoir été forcée par le temps de rentrer à Algésiras, est un point d'une plus sérieuse importance pour l'empire marocain. Il n'est qu'à trois journées de Méquinez, et, par conséquent, presque au cœur du pays. Rabat est fortifié ; Salé lui fait face, de l'autre côté du rio Bou Regreb. La résistance sera probablement énergique, mais les boulets espagnols sauront trouver le chemin qu'ont suivi les nôtres en 1844.

Pendant cette expédition de la flotte, l'armée a achevé ses préparatifs, et peut-être en ce moment a-t-elle commencé ce mouvement vers Tanger, qu'on dit combiné avec la division restée au Serrallo. Tétuan, maintenant ville espagnole bien approvisionnée, bien organisée, est occupée par la division Rios, pendant que le général Prim marche à l'avant-garde, et que le maréchal O'Donnell concentre autour de lui les contingents nouveaux. Bien que l'occupation de la place eût mis à sa disposition le palais du gouverneur, l'infatigable commandant en chef n'a pas voulu quitter son camp, et a continué de vivre sous la tente. Il veut, dit-il, n'habiter une maison et ne coucher dans un lit que lorsqu'il aura logé le dernier de ses soldats.

Le maréchal est un militaire de vieille date : son âge est à peu près l'âge du siècle ; sa famille est d'origine irlandaise. Il était capitaine à dix ans. On sait peu de chose de ses premiers pas dans la carrière, et des titres, probablement plus légitimes, par lesquels il acquit les grades supérieurs, jusqu'à celui de colonel, qu'il avait vers 1834, à l'époque où éclata la guerre civile dans les provinces du nord de l'Espagne. Il devint, pendant cette guerre, brigadier, maréchal de camp, lieutenant-général, et reçut, en cette dernière qualité, le commandement en chef de l'armée du centre. En 1841, le général O'Donnell étant capitaine général de la Navarre, prit part, avec d'autres généraux du parti modéré, à un soulèvement contre le régent Espartero. La reine Marie Christine dirigeait cette conspiration qui échoua, et qui eut pour conséquence la retraite de la reine en France, la fuite des hommes compromis, et l'exécution du général Léon, qui y avait joué un rôle très actif. O'Donnell habita la France pendant quelques années, puis rentra en Espagne à la chute du régent. Il obtint la capitainerie générale de l'île de Cuba, où il resta jusqu'en 1849. Il rentra pour remplir les fonctions de directeur-général de l'infanterie, et fut appelé au Sénat, où il se plaça sur les bancs de l'opposition. Agitateur, presque à l'égal du célèbre irlandais dont le nom offre une consonnance avec le sien, il conspira, en 1854, avec les généraux Concha, Serrano, Dulce, Ros de Olano, souleva la cavalerie, quelques bataillons d'infanterie, et les entraîna à Vicalvaro, où les troupes du gouvernement, commandées par le général Lara, vinrent lui livrer bataille. Espartero reprit le pouvoir, conféra à O'Donnell la dignité de capitaine général de l'armée, équivalente à celle de maréchal, et le chargea du ministère de la guerre. La bonne harmonie ne fut pas de longue durée entre ces deux hommes, autrefois ennemis. Le maréchal O'Donnell conspira de nouveau : il contribua, en 1856, à la chute de l'ancien régent, et le remplaça comme président du conseil. La milice nationale de Madrid était restée favorable à Espartero ; il y eut révolte, émeute dans les rues de la capitale ; il fallut malheureusement recourir à la force et au canon pour assurer l'avènement du nouveau représentant du pouvoir. Il n'y resta que deux mois, et fit place au maréchal Narvaez, qui lui rendit, en 1858, le poste éminent qu'il occupe encore aujourd'hui, en même temps qu'il commande en chef l'armée d'Afrique.

La campagne qu'il vient de diriger a démontré que s'il manque au maréchal O'Donnell l'expérience de la grande guerre et la science prévoyante de l'organisateur, il possède au moins, comme militaire, comme homme d'action, les plus éminentes qualités. Il est brave, infatigable, s'occupe de tous les détails de l'immense entreprise qu'il dirige, veille à tout, se contente de quelques heures de repos, et vit aussi sobrement que le dernier de ses officiers. Il est grand, ses cheveux, coupés courts, étaient blonds et commencent à blanchir ; excellent cavalier, s'il n'a pas la fougue ardente et souvent imprudente du général Prim, il a prouvé du moins, dans quelques-unes des circonstances sérieuses où l'armée s'est trouvée engagée, qu'il sait s'avancer aux premiers rangs, et s'exposer avec une noble impassibilité au feu de l'ennemi.

Les correspondances ont cité, au sujet du
général Prim, un fait de fantasia chevaleresque
qui lui gagna les sympathies des parlementaires,
lorsqu'il fut chargé de les recevoir aux avant-
postes du camp, et de les reconduire après
leur conférence avec le maréchal. L'un d'eux
regardait avec curiosité le revolver que le
général portait à l'arçon de sa selle. Le général s'en aperçut, sortit l'arme de la fonte,
et, s'adressant au Maure : » Veux-tu voir,
lui dit-il, l'effet de cette arme? » Et, faisant
faire plusieurs voltes à son cheval, il déchar-
gea successivement en l'air les six coups du
revolver. Puis, le présentant au messager de
Muley-Abbas : « Tiens, reprit-il, si nous faisons la paix, conserve-le comme souvenir d'un
chrétien ; si la guerre continue, qu'il te serve
pour défendre ta patrie et tes jours. » Le
Maure se montra vivement reconnaissant de ce
don, et offrit en échange au général un riche
pistolet d'arçon damasquiné d'argent.

Un journal calcule qu'avec les 300 quintaux
d'excellente poudre neuve et de fabrique étrangère qu'on a trouvés à Tétuan, il y aura de
quoi fabriquer 2,300,000 cartouches pour continuer la guerre. On découvrait encore, lors des
dernières lettres, d'autres munitions et des armes cachées dans les maisons des Maures fugitifs. Les plus grandes précautions ont été
prescrites pour éviter que des feux, imprudemment allumés dans la ville conquise, ne pussent
y occasionner des désastres irréparables. On
avait prétendu que la place était minée sur

plusieurs points. On a même raconté quelques histoires de nègres fanatiques cherchant, le brandon à la main, à mettre le feu à ces mines après la fuite de Muley-Abbas. Un seul fait a pu un instant donner croyance à cette assertion : c'est une subite conflagration survenue, sans explosion, sur la place principale. Cette place, au moment de l'arrivée des troupes, était couverte, comme toutes les voies publiques de la ville, d'une épaisse couche de fumier et d'immondices. Plusieurs paquets de poudre y avaient été semés, sans nul doute, avec de malveillantes intentions. Le feu y prit au moment de l'arrivée des premiers pelotons de la division Rios, qui se virent un instant entourés de flammes. Il y eut quelques brûlures; mais pas d'explosion. Ce fut le seul accident qui troubla l'entrée pacifique de l'armée, n'en déplaise à quelques récits improvisés loin de Tétuan, et qui ont dépeint la place prise d'assaut, le général Prim y entrant par la brèche et les tirailleurs espagnols faisant le coup de feu dans les rues.

On prépare positivement une expédition sur Melilla. Elle sera forte de 10,000 hommes, et partira de l'embouchure du Rio-Martin, suivant la côte du Riff, et marchant de conserve avec une division navale chargée de la soutenir et de la ravitailler. On s'arrêtera en route à Velez, qu'on entourera de postes avancés. A Melilla, on reprendra les positions d'où le brigadier Buceta s'est laissé si fatalement déloger, et on les fortifiera de manière à assurer l'inviolabilité d'un large territoire autour de la place.

UNE FLOTTE DONNÉE PAR LA NATION

Mars 1860.

Le projet de souscription nationale dont nous avons parlé, et par lequel chaque province de la péninsule donnerait à l'État un navire de haut-bord, acquiert une grande consistance. Séville a pris les devants, et on s'occupe de former une commission centrale chargée de régulariser les voies et moyens.

Les communications sont redevenues faciles dans le centre de l'Espagne, et la transmission des lettres et des journaux de Madrid ne souffre plus de retard. Il n'en est malheureusement pas de même du câble électrique, jeté en travers du détroit, d'Algéciras à Ceuta, par une compagnie anglaise, pour le service de l'armée espagnole. Ce malheureux câble s'est déjà rompu à plusieurs reprises; on fait de vains efforts pour le renouer, mais on ne désespère pas d'y parvenir avant la fin de la campagne.

Cela n'empêche pas les trains de plaisir de Madrid à Tétuan, par le chemin de fer d'Alicante. L'un des bateaux à vapeur de la Compagnie Lopez a conduit, l'autre semaine, trois cents curieux à qui il a suffi de quatre jours pour cette visite. L'Espagne, et ses nouvelles possessions du Nord de l'Afrique, seront, cette année, le but des excursions de presque tous les touristes de l'Europe.

Le peuple de Madrid et l'opinion extrême s'émeuvent au bruit d'un arrangement avec le Maroc, et ne veulent que conquêtes. Les journaux militaires, fiers à juste titre de la gloire acquise par l'armée, sous le commandement d'un général dont on conteste les vertus politiques, mais dont on s'accorde à vanter les qualités guerrières, voudraient que cette petite armée, maintenant à l'épreuve du feu, de la maladie, de la faim et des éléments, parcourût, la baïonnette en avant, le pays ennemi, non pas pour s'emparer d'un territoire dont l'Espagne n'a que faire ; mais pour montrer sa force, dicter des lois et recevoir la soumission des peuples arabes. On prévoit aussi l'intervention des puissances européennes, et on proteste.

Le bruit a couru à Madrid que les deux ambassadeurs de France et d'Angleterre avaient fait une démarche amicale auprès du gouvernement espagnol, pour lui exprimer l'opinion qu'il devait considérer l'honneur national comme satisfait, et que la campagne n'avait plus d'objet maintenant. On a ajouté qu'une dépêche de M. Mon, l'ambassadeur d'Espagne à Paris, avait annoncé le départ d'une escadre anglaise pour les eaux de Tanger, et avait donné d'assez nets commentaires des interpellations adressées dans le Parlement anglais à lord John Russell, au sujet des intentions ultérieures de l'Espagne. L'émotion paraît avoir été des plus vives ; elle s'est un instant calmée, lorsqu'un journal est venu dire que l'Espagne était sûre désormais des sympathies de la Grande-Bretagne, et que celle-ci, qui reste paisible maîtresse de Gibraltar, qui vient de consolider ses possessions des Indes, qui, peut-être, va fonder de nouveaux établissements en Chine, ne pouvait penser à contester à l'Espagne le droit de conserver un territoire qui lui a appartenu autrefois, et qu'elle vient de reconquérir au prix de tant de sang, de tant de sacrifices.

Mais le lendemain, nouvelles rumeurs; on a crié à la trahison, les pasquinades et les feuilles à la main ont pris de l'audace, et nous avons reçu l'une de ces dernières. Elle déclare aux Madrilègnes que l'archevêque Oppas et le comte Julien, de traîtresse mémoire, ont des descendants en Espagne; elle signale comme vendus aux Maures les hommes les plus éminents de la nation, les plus dévoués au trône de la reine Isabelle. Citons, d'après cette liste terrible, le maréchal Narvaez, le marquis de Pidal, le duc de Rivas, le comte de San-Louis, MM. Bravo Murillo, Sartorius, Bertran de Lis, Salamanca, Moyano, vingt autres noms réellement illustres, et enfin la reine Christine, le duc de Rianzarès, le roi époux lui-même et les journaux de ce puissant parti.

Nous avons tenu à développer cette phase de la physionomie de l'Espagne, pour montrer jusqu'à quelle exagération cette guerre de races, cette expédition contre l'éternel ennemi, contre l'ancien dominateur de la Péninsule, a

monté les esprits. Le premier élan a été magnifique ; il était inspiré par de justes sentiments
d'honneur outragé. Aujourd'hui l'exaltation dé-
borde ; la nation se grise ; elle veut tout pour-
fendre, et comme elle est accoutumée, dans
toutes ses fêtes publiques, à bafouer et à mal-
traiter « le Maure », à prendre et à mettre en
morceaux un mannequin traditionnel, coiffé d'un
turban, elle ne rêve plus que le massacre de
toute la *Moreria*. L'autre jour, à Madrid, à
l'occasion des fêtes de la prise de Tétuan, on
a promené dans la ville plusieurs de ces manne-
quins, et des sauvages, nous ne saurions leur
donner d'autre nom, s'amusaient à les fusiller
en pleine place publique. Plus récemment, dans
une course de taureaux donnée à Malaga, el
Tato, l'un des toreros, a porté un toast à la
conquête « de tout le Maroc », et Cucharès,
le célèbre *espada*, a bu « à la destruction du dernier des Maures ».

On comprend que la partie saine de la nation veuille modérer cet enthousiasme dangereux, avant qu'il ne conduise à des excès regrettables ; mieux éclairée sur les ressources réelles
de l'Espagne, elle ne voudrait pas la voir s'engager dans une longue guerre, désormais stérile,
au-delà des conditions qui ont été tout récemment posées à l'empereur du Maroc, et elle
cherche surtout à attirer, vers un but plus profitable au pays, celles de ces ressources qui se
produisent encore.

Nos dernières nouvelles nous disent, du reste,
que ce dangereux émoi vient d'être un peu calmé

par une nouvelle note de la *Correspondencia*, déclarant que le gouvernement espagnol n'a reçu aucune communication qui pût tendre à arrêter le cours des opérations de la guerre, ou à modifier la portée des conditions par lesquelles on a répondu aux propositions de paix faites par le Maroc.

Mal conseillé, l'empereur a refusé, malgré l'opinion favorable de Muley-Abbas, d'accepter celles qui lui étaient offertes. C'est probablement à Tanger, maintenant, que la paix sera signée, et sans nul doute sur les mêmes bases. Parmi celles-ci la fixation d'un territoire autour des présides de la côte septentrionale de l'Afrique est demeurée la plus importante, et la fatale affaire de Melilla en fait pour l'Espagne une nécessité impérieuse. Si elle a une population trop réduite pour songer à s'acquérir de nouveaux territoires, s'il est plus important pour elle de conserver ses bras que d'appauvrir encore un sol auquel il manque au moins dix millions d'habitants, elle doit du moins préserver pour l'avenir ses possessions africaines des insultes et des violations qui sont, depuis de longs siècles, la cause déterminante de la guerre actuelle.

Une très heureuse diversion s'est du reste offerte aux esprits, depuis que les démarches de Muley-Abbas ont fait prévoir la terminaison pacifique de la campagne ; elle conduira, vers un but éminemment utile à la nation, cet immense courant des générosités publiques dont nous avons eu plus d'une fois l'occasion d'enregistrer les effets. Nous voulons parler de la souscription proposée par Séville et qui dotera sans doute la marine espagnole d'une quarantaine de vaisseaux. A l'autre extrémité de l'Espagne, le Guipuzcoa, qui vient d'envoyer en Afrique une légion tout armée et tout équipée de ses braves enfants, vient de voter avec enthousiasme un navire à hélice qui s'appellera le *Guipuzcoano*. Cela devait être ainsi : la vieille province basque a occupé une place trop célèbre dans les fastes maritimes de l'Espagne, pour ne pas s'émouvoir d'un pareil projet. Les Guipuzcoans sont ces basques intrépides qui les premiers, ont poursuivi la baleine dans le golfe de Gascogne, et qui peignaient des baleines sur les armes de leurs villes en souvenir de leurs prouesses dans la grande pêche. De pêcheurs ils devinrent navigateurs, loups de mer et hardis corsaires ; il sortit des flottes entières des chantiers de Fontarabie, du Passage, de Saint-Sébastien et de Motrico. Les marins de la seconde de ces villes sauvèrent une flotte française, que les Anglais bloquaient dans le port de La Rochelle, et Philippe le Bel, en reconnaissance, mit une fleur de lys sur leur écusson. Plus tard, les Guipuzcoans livrèrent à Edouard III d'Angleterre une bataille rangée ; ils comptent parmi leurs grands marins Elcano, qui fut le lieutenant de Magellan, Legazpia, qui fit pour l'Espagne la conquête des Philippines ; ils ont fondé dans les Amériques des établissements qui ont survécu à la décadence de l'Espagne, et c'est de leurs deniers qu'ont

été élevées les fortifications de la Havane. A
ces souvenirs, qui sont tout palpitants encore
aujourd'hui, on conçoit que la vieille province
maritime se soit levée avec enthousiasme pour
accueillir une idée autrement grande que celle
qui lui fait envoyer ses enfants contre le Maroc. De même fera la Biscaye, qui a de tout
temps partagé ces mêmes gloires, dont les peuples sont aussi des Vascons, et qui compte, au
pied des côtes de Cantabrie, vingt villes maritimes dont les armes portent des baleines har-
ponnées et vaincues.

Si nous avions le temps de parcourir ici ces
immenses côtes espagnoles, où la nature a ouvert tant de magnifiques refuges pour les flottes, tant de ports pour le commerce, il nous
serait aisé de faire comprendre combien cette
pensée est grande, et combien est légitime le
retentissement qu'elle a produit. Combien de
peuples, parmi ces nations diverses qui constituent aujourd'hui l'union espagnole, ont à mettre en ligne des gloires maritimes parmi leurs
états de services séculaires ! Les Galiciens,
qui ont le Ferrol, la Corogne et Vigo ; les Catalans, qui ont été les rois de la Méditerranée,
qui ont conquis l'île de Sardaigne, qui ont chassé
les Sarrazins des Baléares, qui ont dirigé, au
quatorzième siècle, vers la Grèce et l'Orient,
une expédition restée célèbre, poétisée comme
nos croisades et comme la retraite des dix
mille Grecs de Xénophon ; les Valenciens, qui
tendirent les mains au commerce des deux mon-
des ; les Alicantais, qui ont la plus grande part

dans l'exportation de la Péninsule et qui pos-
sèdent le port de Cartagène, le plus considérable de tout le pays ; les Andalous qui comptent Malaga, — et Malaga aussi vient de voter
son vaisseau ; — puis Almeria, Algésiras, Tarifa,
cette merveilleuse baie de Cadix, le poste
avancé de l'Espagne vers l'Océan, la magnifique rade de Huelva, et, de l'embouchure du
Guadalquivir à celle du Guadiana, une ligne de
côtes habitées par les plus habiles construc-
teurs. Tous sont là pour dire que l'Espagne est
une nation maritime et que si elle n'a nul besoin,
après avoir sauvegardé ses présides, de transformer en royaume d'Afrique le nouveau duché
de Tétuan, elle devrait chercher, d'accord avec
le Portugal, sa congénère, à reprendre, par ses
flottes, un rang qui pût lui donner une autorité
nouvelle dans les conseils de l'Europe.

LES BASQUES.
LA MARCHE VERS L'INTÉRIEUR.

Mars 1860.

Les 4,000 hommes de la légion basque, complètement armés et équipés, arrivèrent au mouillage du Rio-Martin le 28 février. Lorsqu'ils eurent débarqué, l'armée espagnole entendit d'étranges hourras, un ensemble de cris discordants que des poitrines basques peuvent seules proférer. Les braves gens, cruellement éprouvés par les gros temps, maltraités, pendant la traversée de Santander à Cadix, par les équipages des navires du commerce anglais qui avaient été nolisés pour les transporter, saluaient à leur manière la terre africaine et juraient de ne revenir à leurs montagnes qu'à pied sec.

Aussitôt débarqué, le général Latorre, qui les commandait, monta à cheval, prit avec lui une escorte d'une cinquantaine de ses grenadiers, et partit au trot pour le quartier général sous Tétuan. Ses cinquante hommes, vêtus d'une façon pittoresque, coiffés du berret traditionnel, à la physionomie intelligente, les cheveux coupés ras sur le front et rejetés en boucles abondantes en arrière de la tête, le suivaient d'une allure aussi vive, *au pas de basque*, et répondaient aux questions qui leur étaient faites dans une langue inconnue de presque toute l'armée.

Ce fut un véritable événement. Bientôt on les reconnut, on les nomma : « Ce sont les Basques, » et les bataillons accoururent se ranger sur leur passage et les acclamèrent. Ils arrivèrent ainsi, toujours courant, jusqu'à la tente du général en chef, qui sortit pour les voir et leur promit de passer la légion en revue le lendemain. Quand le général Latorre eut pris les ordres du maréchal, il remonta à cheval et repartit au trot, toujours suivi de ses coureurs, traversant de Tétuan jusqu'au camp, une triple haie de soldats qui criaient des vivats et battaient des mains.

Nous avons dit déjà que les trois provinces basques, la Bizcaye, le Guipuzcoa et l'Alava, ont fourni ce beau contingent ; leur fraternité, leur accord sont aussi l'un des heureux résultats de cette guerre si nationale. Il y a peu d'années que la guerre civile les désolait et les divisait. Les uns, recrutés et conduits par un partisan célèbre, Zumalacarregui, servaient la cause de don Carlos ; on les reconnaissait à leurs berrets rouges ; c'étaient les *chapelgorris* ; les autres, les *chapelchourris*, berrets blancs, servaient dans l'armée de la reine Christine. Les veillées, dans les trois provinces, sont encore remplies des nombreux récits de cette guerre néfaste. Le blanc et le rouge, quand les Basques étaient en dissension, étaient les couleurs des partis contraires : en 1835, ce furent les berrets; c'étaient les ceintures en 1843, alors que les *sabelgorris* et les *sabelchourris* (ventres rouges et ventres blancs) se disputaient des suprématies locales. Aujourd'hui, les berrets rouges sont aux Guipuzcoans, les berrets blancs aux Bizcayens et les berrets bleus aux Alavais, sous un même drapeau avec l'emblème de trois mains croisées, et la devise *Irurac-bat* — trois en un.

Les Basques sont marcheurs et coureurs intrépides, autant que soldats infatigables et combattants énergiques. Si petit que soit leur nombre, ils apportent à l'armée un renfort important; ils sont hommes à s'en aller de Tétuan à Tanger au pas de course, la carabine au poing, de revenir à leur campement sous la même allure, et, sauf la traversée du détroit, ils tiendront leur promesse et retourneront après la guerre dans leur chère Vasconie, toujours courant. Nos guerres du premier Empire ont fourni des exemples de cette activité infatigable; notre armée se rappelle l'intrépidité de ces bataillons de braves volontaires, des rangs desquels partit Harispe pour devenir maréchal de France, et l'on nous a plus d'une fois raconté à nous-même cette course folle, faite du Rhin à Saint-Jean-Pied-de-Port par quatorze Basques de la Grande Armée, venus sans permission, pour soutenir un défi à la paume à la fête de leur pays, et qui rejoignirent leur demi-brigade, au pas accéléré, juste la veille de la bataille d'Austerlitz.

Ce souvenir nous éloigne de l'expédition du Maroc, dont les résultats ne nous arrivent pas aussi promptement que nous l'avions espéré. Des journaux impatients ont reproché au maréchal O'Donnell de ne pas avoir profité, tout aussitôt, de la panique causée dans l'armée marocaine par sa défaite sous les murs de Tétuan. Mais l'armée n'était pas prête pour une marche aussi aventureuse dans une contrée inconnue ; il lui fallait se refaire, s'équiper de nouveau, réunir des provisions pour une longue route, rassembler un convoi considérable, s'assurer de l'esprit des peuplades qui entourent sa conquête, et ne pas s'exposer à être séparée de sa base d'opérations.

Tout cela est fait maintenant ; de nombreuses reconnaissances ont visité le pays ; des exécutions sévères ont été faites ; on a détruit quelques villages dont les habitants, à l'affût aux alentours de la ville, venaient tirer sur des soldats isolés ; on a fait une espèce de battue, qui a refoulé, vers le campement où les Marocains se reconstituent, de nombreux vagabonds dangereux ; on s'est acquis des partisans, enfin une bonne garnison occupe Tétuan, la route vers la plage, et le camp du Rio Martin.

Le convoi comprend 4,000 bêtes de somme, et, dans ce nombre, 8 ou 900 chameaux, dont une partie a été achetée dans la province d'Oran. L'expédition, forte de 20 à 25,000 hommes, part avec quinze jours de vivres, dont six jours dans les sacs des soldats. On paraît avoir renoncé au mouvement combiné qui devait d'abord se faire du Serrallo sur Tanger, par les défilés de la Sierra de Bullones. Le général Echagué, avec une brigade d'artillerie de montagne, sa cavalerie, deux régiments d'infanterie et quatre bataillons de chasseurs, escorté en mer par deux navires à vapeur, s'est mis en marche, par la route si glorieusement tracée des Castillejos et du Monte Negro, pour rallier l'armée à Tétuan. Il reste à Serrallo six bataillons, sous les ordres du général Gasset.

On s'attend à une sérieuse résistance et sans doute à une nouvelle bataille au Fondouck, — espèce d'hôtellerie à 3 lieues à l'ouest de Tétuan, — point où Muley-Abbas se retranche et rassemble les nouveaux contingents que lui envoie l'empereur; mais tout confirme ce que nous avons déjà dit sur l'espèce d'abandon où se trouve Tanger.

Nous nous sommes fait un devoir de mentionner les dons envoyés au gouvernement et à l'armée par les provinces et les particuliers; ces dons qui se succèdent sont, pour nous, le thermomètre de l'esprit public en Espagne, et nous montrent que ce magnifique élan de patriotisme est encore loin de s'apaiser. Un journal de Madrid, essayant une combinaison nouvelle, avait hasardé de dire du ton le plus dédaigneux qu'il ne fallait pas songer à conserver Tétuan; que mieux valait pour l'Espagne, au lieu « de cette ville misérable, improductive et mal défendue, sans port, sans commerce, » recevoir en échange Mogador, qui lui donnerait une position importante à portée de ses possessions des

Canaries. Cette espèce de reculade a produit
une impression des plus pénibles. L'indignation
a été générale, et l'inquiétude d'autant plus
grande que ce journal, connu comme étant des
plus dévoués au ministère, avait proclamé Tétuan, au lendemain de la conquête, « la ville
riche, la ville industrieuse, entourée d'un territoire fertile, assise auprès de la Méditerranée,
etc. » On croit découvrir dans ce langage nouveau des concessions faites à de puissantes influences étrangères et on s'attriste; mais il n'en
faut pas moins soutenir l'honneur du pays et
aider à la gloire de ses armes, et les souscriptions continuent.

Le comité permanent de la grandesse, qui
avait déjà versé au trésor 723,500 réaux, vient
d'y apporter un nouveau don de 165,000. Le
million sera bientôt complété. Une représenta-
tion extraordinaire, au magnifique théâtre du
Liceo de Barcelone, a produit 35,000 réaux;
une souscription des employés du chemin de fer
de Barcelone à Saragosse et du canal d'Urgel,
14,000. Les Catalans ne s'en tiennent pas là;
ils se réunissent, se cotisent et conviennent
d'ériger au milieu de Barcelone un monument
commémoratif de la campagne d'Afrique; 1,000
douros ont été souscrits dès la première réunion.

Les dons particuliers méritent aussi leur
mention; c'est une riche canne d'honneur, destinée par le capitaine général, don Manuel de
la Concha, au commandant du bataillon qui s'est
le plus distingué à l'enlèvement du camp maro-

cain; cette canne est échue au chef du bataillon
de chasseurs de Alba de Tormès. Ce sont encore des épées d'honneur offertes par plusieurs
villes au maréchal O'Donnell et au général
Prim; Grenade a voté l'une de ces épées, dont
la lame est commandée au plus habile des ar-
muriers de Tolède.

La Havane ne reste pas en arrière de l'élan
de généreuse munificence dont elle a déjà fourni
des preuves. Quatre particuliers ont donné, l'un
17,000 piastres, deux autres 18,000 chacun, le
dernier 20,000; soit ensemble l'énorme somme
de 365,000 pesetas. Les souscriptions de l'île entière de Cuba ont déjà atteint un million de
piastres. Porto-Rico a envoyé à la métropole
232,800 piastres, soit 1,064,000 francs; le patriotisme y est aussi grand que la fortune publique.

LE JOURNAL DE TÉTUAN.
LA NOUVELLE FLOTTE.

Mars 1860.

Aucune nouvelle. L'armée n'a point fait un pas en avant. Elle attendait des chameaux pour compléter l'organisation de ses convois ; les chameaux sont arrivés, mais avec un temps détestable, comme aux plus mauvais jours.

L'embouchure du Rio-Martin est inabordable ; la barre qui la traverse ne permet l'entrée d'aucun bâtiment ; le service des approvisionnements est interrompu, l'armée consomme les vivres qu'elle avait accumulés pour sa marche en avant, et de nouveaux délais seront nécessaires, lorsque seront revenus les beaux jours, pour refaire ces provisions épuisées. Pendant ce temps, les Maures se remettent de leur panique et réparent les suites de leur défaite ; ils élèvent au Fondouck des retranchements formidables, et l'empereur a envoyé à Tanger, pour en réorganiser la défense, un chef énergique et intelligent, Kaïd-Abbas-Emkiched, qui commandait l'infanterie de l'armée depuis le commencement de la guerre.

Autour de Tétuan, le pays est encore loin d'être tranquille, malgré les fréquentes reconnaissances et les exécutions sévères qui se font presque chaque jour. Les correspondances avouent que les soldats espagnols peuvent difficilement s'aventurer, hors de la portée des canons de la ville, sans se trouver en présence d'un poignard ou de la gueule d'une espingarde. Ces détails sont confirmés par le dernier télégramme parvenu à Paris, lequel annonce que Tétuan a été subitement attaqué par les contingents de plusieurs tribus de la contrée, parmi lesquels se trouvaient des Kabyles de Melilla (Il y a loin de cette dernière place à Tétuan, et l'assertion pourrait ne pas être parfaitement exacte) ; des Kabyles du Riff, plutôt ; quant à ceux de Melilla, ils surveillent cette place, ils s'attendent à de sévères représailles, et c'est la peur, sans nul doute, plutôt que l'affection, qui en a décidé une partie, ainsi qu'on l'affirme, à solliciter de servir dans l'armée espagnole.

Malgré le projet d'échange de Tétuan contre Mogador, mis en avant, à Madrid, par le journal la *Epoca*, et accueilli par la rumeur générale, la presse espagnole continue d'affirmer que Tétuan sera conservé, et le général Rios, qui y exerce le commandement, en complète l'organisation et la transformation de manière à prouver que la conquête est définitive. On y construit des casernes pour la troupe, des magasins pour les approvisionnements ; on élargit certaines rues, on nivèle la place principale qui va s'entourer de cafés, d'hôtelleries, de maisons meublées ; une édilité composée de Juifs et de Marocains, sous l'impulsion du général Rios, y déploie une activité tout européenne ; des négociants de Barcelone et de Malaga y ouvrent des magasins où vont s'entasser des étoffes et des vêtements confectionnés, dont l'armée éprouve un certain besoin. Tétuan devient le Kamiesch ou le Balaclava de la campagne de Crimée, plus le journal.

Ce journal, l'*Eco de Tétuan*, a lancé le 1er mars, son premier numéro. Il est imprimé sur quatre pages, dans un format qui représente la moitié du *Moniteur de l'Armée*, sur beau papier et en caractères neufs, appartenant à l'imprimerie *volante* qui marche avec l'état-major général. Son rédacteur en chef est don Pedro Antonio de Alarcon, un spirituel publiciste madrilègne qui, entraîné par le mouvement patriotique, s'était engagé comme volontaire dans le régiment de Ciudad Rodrigo, du corps d'armée du général Ros de Olano.

Le premier numéro de l'*Eco de Tétuan*, qui constitue une espèce d'évènement, a été envoyé, au nom du maréchal O'Donnell, aux principaux personnages de Madrid, aux journaux, aux ambassadeurs à l'étranger. Il se publiera gratis, paraîtra quand il pourra, sera distribué jusqu'à épuisement du tirage. Il est fait un peu à bâtons rompus, et promet beaucoup plus de nouvelles qu'il n'en donne. Il annonce cependant à ses lecteurs que Madame la duchesse de Tétuan est venue rejoindre le général en chef, et qu'elle est entourée de la plus respectueuse considération de la part de l'armée et de la population indigène. L'*Eco* dit encore que la compagnie dramatique de Ciudad Real a demandé au général Rios l'autorisation de venir donner des représentations à Tétuan.

La *Gaceta militar* examine quels peuvent être pour l'Espagne les résultats de l'immense souscription qui se prépare pour doter le pays d'une marine nouvelle, et étudie les moyens d'imprimer à cette souscription une direction utile. Nous allons donner le résumé de ce travail, qui nous paraît digne d'une sérieuse attention.

L'auteur, d'après des données générales, évalue les dépenses de constructions des engins de la marine de guerre, et propose aux provinces de s'imposer spontanément pour la moitié des impositions qu'elles paient aux deux titres de la contribution territoriale et du subside industriel, c'est-à-dire pour 270 millions, payables en deux années. Cette somme fournirait à la construction et à l'armement de 22 navires de guerre, et l'auteur indique une répartition de ce tribut entre les provinces.

Nous ajouterons, pour compléter cet intéressant document, que l'état actuel de la marine espagnole comprend, sur le papier, il est vrai, un personnel de 678 officiers, dont 2 officiers généraux du grade de brigadier et 13 capitaines de vaisseau ; 52 officiers d'infanterie et d'artillerie ; 337 chirurgiens, chapelains, écrivains et chefs de timonerie, et 17,675 sous-officiers, soldats, artilleurs, matelots, machinistes et chauffeurs.

Nous devons signaler ce fait, très défavorable à la marine à vapeur espagnole, que les

mécaniciens employés sur ces navires sont, pour
la plus grande partie, sujets anglais, et que, dans
le cas de mésintelligence entre les deux Etats,
l'Angleterre, en refusant des licences à ses na-
tionaux, pourrait en un instant réduire la marine
espagnole à l'impuissance. Il faut donc à celle-
ci une institution qui ne serait pas moins intéressante qu'une augmentation de sa flotte : ce
serait une école où elle pût former rapidement
des sujets espagnols à ce service difficile. Il en
est de même, du reste, pour les chemins de fer
où, comme il en était chez nous à l'origine, on
compte encore bon nombre de mécaniciens anglais.

L'EXPÉDITION DE L'INTÉRIEUR

Mars 1830.

Il y a eu un long entr'acte sur la scène africaine. Un temps détestable, des ouragans, des tempêtes successives retenaient les navires, les approvisionnements, les renforts dans les ports d'Andalousie; les dépêches se succédaient pour nous dire quelle admirable activité, quel infatigable dévouement déployait, dans ces circonstances difficiles et dangereuses, un homme dont le nom mérite d'être placé à côté de ceux de Prim et d'O'Donnell dans les annales de cette campagne, le brigadier Bustillos, commandant en chef des forces navales.

Les dépêches que le télégraphe apporte à Madrid et qu'enregistrent les journaux qui nous parviennent, nous montrent ce marin infatigable visitant à chaque instant du jour, et souvent de la nuit, tous les points du littoral, courant d'Algésiras à Cadix, à Malaga, à Puente Mayorga, venant sous la tempête reconnaître l'état de la côte africaine, débarquant, malgré vent et marée, pour aller conférer à Tétuan avec le général en chef, profitant de la plus petite embellie pour tenter de jeter à terre quelques hommes, ou tout au moins quelques bêtes de somme destinées au convoi, et quelques colis de provisions.

Intrépide comme un pirate, hardi comme un contrebandier, le brigadier Bustillos est réellement la Providence de l'armée d'Afrique ; il l'a sauvée de la famine au cap Negro, il a constamment protégé sa marche de Ceuta jusqu'au Rio Martin ; aujourd'hui il la ravitaille et se montre plus impatient que ses plus impatients capitaines de la voir en marche sur le chemin de Tanger.

Cette belle conduite, qui nous remet en mémoire les noms des Gravina, des Churruca, de ces hommes qui illustrèrent les derniers moments de la marine espagnole succombant avec la nôtre au commencement de ce siècle, fournit les plus légitimes encouragements aux efforts que font en ce moment les patriotes de la Péninsule pour rendre une flotte à leur pays.

Ce grand mouvement s'organise dans toutes les provinces, et nous éprouvons quelque vanité d'avoir été le premier à le signaler et à y applaudir, aussitôt que nous en avons vu la première pensée éclore d'une délibération de la municipalité de Séville. Les étudiants se sont réunis dans l'ancien couvent de Basilios, afin d'y concerter un appel à toute la jeunesse d'Espagne qui offrirait, elle aussi, son vaisseau.

Des vœux analogues s'enregistrent peu à peu ; un habitant de Jaen offre 4,000 réaux ; la municipalité de Grenade a envoyé son vote, conforme à celui de Séville ; la *Gaceta militar* adresse un manifeste à toutes les classes de la société, et fait entrevoir aux propriétaires la plus-value de leurs biens ; aux commerçants, l'extension de leurs relations; aux industriels, le développement d'une concurrence lucrative; à la jeunesse, la réalisation de ses rêves de grandeur; à la nation, une place éminente à reconquérir dans le monde. Jusqu'aux journaux anglais qui s'en émeuvent et qui, sans se prononcer encore, observent d'un œil curieux cette manifestation, dont les résultats peuvent influer un jour sur les prépondérances européennes.

Cependant les autres souscriptions en faveur de la guerre, des blessés et de leurs familles ne se sont pas ralenties. Les journaux mentionnent une somme de 140,000 réaux envoyée par la reine Marie-Christine, et indépendante d'autres dons faits par M. le duc de Rianzarès, ainsi que par le duc de Tarancon et le comte del Recuerdo, fils de la reine-mère. Les Espagnols de Londres ont réuni 150,700 réaux, et un capitaine d'artillerie, qui commandait la place de Cienfuegos à la Havane, a offert, avec ses services personnels, une somme de 50,000 douros qu'il venait de gagner à la loterie. Le capitaine général Serrano n'a accepté que l'épée du généreux officier, qui vient d'arriver à Tétuan avec le grade de commandant d'infanterie.

La malencontreuse motion de la *Epoca*, à l'occasion de l'échange de Tétuan contre Mogador, a fait long feu; les journaux opposent aujourd'hui aux dénégations du journal rétrograde le tableau des produits du territoire conquis par l'armée. L'empereur du Maroc en tirait un revenu de près de deux millions de douros. Les sangsues, dont nous avons déjà parlé, y figuraient pour 140,000 douros, les cuirs pour 70,000. Un droit général de 10 pour 1,000 grevait les entrées et les sorties; les impôts prélevaient 5 douros par quintal de cire, 3 par quintal de laine, 1 par quintal de sucre et de café, etc., 5 douros pour un bœuf, 10 pour un cheval, 1 pour une douzaine de poules et un demi-douro pour un millier d'oranges.

Les juifs de Tétuan, débarrassés d'une domination qui les pressurait, commencent à relever la tête, mais leur reconnaissance pour une nation qui les a délivrés ne va pas jusqu'à les empêcher de rester juifs, et d'exploiter le plus possible les Espagnols, avec lesquels ils traitent très familièrement. Il n'en est pas de même des Maures qui, tout en rentrant dans leur ville sainte, y vivent dans l'ombre, graves et moroses, résignés mais non ralliés, et tout prêts sans doute à favoriser les tentatives de restauration, si elles pouvaient avoir quelque chance de succès. La présence autour de Tétuan de ces rôdeurs armés, qui guettent les promeneurs isolés, qui inquiètent même les petits convois venant de l'embouchure du Rio Martin, le coup de main tenté sur le camp du maréchal O'Donnell, le 11, par des bandes venues du Riff et commandées par un officier envoyé tout exprès de Fez, ces diverses circonstances doivent démontrer aux Espagnols qu'ils éprouveront pendant longtemps de grandes difficultés pour maintenir le calme dans leur possession nouvelle, et pour y commander sans un certain déploiement de forces. Aussi assure-t-on qu'il reste un chiffre assez important de troupes éprouvées pour garder Tétuan, le Rio Martin, les magasins et les forêts de l'embouchure, pendant que l'expédition, dont la division Prim forme l'avant-garde, marche vers l'intérieur du pays.

Cette expédition, bien soutenue sur ses derrières, compte 20,000 hommes et 38 pièces d'artillerie. A Tétuan, sur la côte et à Ceuta, l'effectif est au moins égal, car un journal évalue l'ensemble des forces disponibles en Afrique à 207 officiers généraux et supérieurs, 2,057 officiers, 41,064 hommes de troupe et 3,700 chevaux. On n'estime pas à moins de 6,000 le nombre des bêtes de somme du convoi.

Une dépêche du maréchal O'Donnell, datée du 12 mars, annonce qu'un envoyé de Muley-Abbas a apporté de nouvelles propositions de paix. Le duc de Tétuan a répondu qu'il était disposé à entrer en négociation, mais qu'il ne suspendrait les opérations de la guerre qu'autant que les négociations auraient un caractère définitif. Muley-Abbas ne commande plus au Fondouck, où il paraît que l'empereur est venu camper; il a remplacé, comme ministre des affaires étrangères et comme plénipotentiaire, ce fanatique Mohamed-el-Ketib, dont l'attitude farouche et les prétentions aveugles firent rompre les premières conférences, et auquel le maréchal O'Donnell répondit : « Cela te va bien, à toi, de faire le brave et de parler de combats, lorsque tu n'as pas d'épée, et lorsque tu n'as qu'à te prélasser au milieu de tes esclaves dans ta somptueuse villa de Tanger ».

FINANCES. — TITRES.
PROMOTIONS.

Nous avons involontairement négligé, dans notre dernière revue, de dire un mot d'une question intéressante, celle de l'état financier de l'Espagne.

La Banque de Madrid, dans un rapport récemment publié, donne sur les ressources du pays un aperçu auquel nous nous empressons d'emprunter un passage :

« La guerre s'est engagée de façon à surprendre même ceux qui avaient la moins triste opinion de notre pouvoir et de notre vitalité. Elle s'est continuée avec vigueur, sans bruit et sans désordre, sans appel aux moyens extraordinaires; nous avons payé, sans paralyser aucune affaire, des dettes internationales contractées de longue date et dont la réclamation, à un semblable moment, a profondément ému la nation (On veut parler ici d'une réclamation de l'Angleterre dont il a été question plus haut). Il s'est constitué de fortes sociétés; il s'est formé de grandes entreprises, comme au milieu de la paix la plus profonde, et, comparativement à la situation de l'année précédente, les titres de la dette, le crédit de l'Etat se sont trouvés en hausse, et ont obtenu une confiance nouvelle sur les marchés étrangers. »

« Nous trouvons ailleurs, comme preuve de cet heureux état financier, un relevé indiquant que le 15 mars il existait à la trésorerie de Cadix 20 millions de réaux, à Séville 8 millions et 4 à Malaga. En même temps un emprunt de 200 millions annoncé à Madrid, et proposé par le gouvernement sur un prix limite de 97 1/2 pour cent, a été offert à 98 et souscrit pour 190 millions par la Banque d'Espagne, pour 3 millions par la Banque de Barcelone, pour 4 millions par la Banque de Saragosse, et pour 20,000 réaux par un particulier.

Ceci rappelé, nous avons peu de chose à dire de la guerre. Le maréchal O'Donnell est inactif à Tétuan ; on négocie, et la pensée la plus générale à Madrid est qu'on marche vers la paix.

Cependant, comme l'opinion publique veut encore guerroyer, comme elle est d'avis qu'un traité honorable ne peut être conclu qu'à Tanger, on exécutera le mouvement offensif, on se battra au Fondouck et on marchera sur la place, qui sera mollement défendue, et d'où vient de partir, d'ailleurs, son plus diligent protecteur, M. Drummond Hay, le consul anglais. L'empereur du Maroc renoncera à revendiquer Tétuan ; mais il se peut, en raison de l'hostilité inattendue manifestée par les Maures du Riff, et des difficultés que semble présenter aux timides la conservation de la place, qu'on

propose aux Cortès de consentir à l'échange de
cette conquête dans les termes tristement posés par la *Epoca*. On dit du moins que telle est,
non sans vive opposition, la tendance d'une
partie du cabinet.

Comme indice de la conclusion probable de
la paix et de la clôture de la campagne, on voit
les colonnes des journaux officiels fléchir sous
le poids des récompenses. Les généraux Prim,
Zabala, Ros de Olano, sont nommés grands
d'Espagne de première classe, avec les titres
de marquis de Castillejos, de Sierra-Bullones
et de Guad-el-Jelu ; six maréchaux de camp
sont promus lieutenants généraux ; parmi eux
don Henri Donnell, qui a déjà reçu une grand'-
croix ; et trois brigadiers deviennent maréchaux
de camp.

Cette promotion atteint le brave et intelligent commandant des forces navales. Le brigadier Bustillos reçoit un avancement de grade
auquel il avait droit dès le début de la campagne. Nul doute que les effets de la reconnaissance de l'Etat ne s'arrêteront pas à cet acte
de simple justice.

Ce déluge de faveurs est dans une égale pro-
portion pour les rangs inférieurs de l'armée, et
un journal prétend que Napoléon Ier n'en a pas
décerné la moitié dans toute la période de ses
immortelles campagnes. Ce journal se trompe :
les armées de la République et de l'Empire
marchaient à grands pas, et il s'y opérait des
transformations merveilleuses. Tel caporal ga-
gnait en huit jours les épaulettes de colonel. Il est

vrai que les armées françaises ont arpenté toute l'Europe, et qu'il n'y a que dix lieues de Ceuta à Tétuan ; mais l'Espagne renaît, et il est juste que les récompenses soient à la hauteur de l'immense effort qu'elle vient d'accomplir.

D'après une dépêche télégraphique privée, les négociations entamées pour la conclusion de la paix n'ayant pas réussi, les opérations ont été reprises le 23.

L'ennemi a attendu dans des positions d'un accès très difficile. Le combat engagé, la victoire a été complète. A cinq heures de l'après-midi, les Marocains ont pris la fuite, en levant leur camp précipitamment, afin de l'empêcher de tomber au pouvoir des Espagnols.

La marche sur Tanger ne semble plus devoir rencontrer de grands obstacles.

LA BATAILLE DE GUAD-RAS.
LE TRAITÉ.

23 Mars 1860.

L'évènement a donné raison à nos prévisions. Toujours bien informés depuis le commencement de la guerre, ce n'était pas au hasard que nous développions, il y a six jours, le plan des conventions tacites auxquelles allaient aboutir les derniers efforts de la guerre. Il fallait se battre en avant de Tétuan, parce que l'opinion publique voulait encore une victoire ; parce que la tentative faite, le 11 mars, sous les murs de la place, par une partie de l'armée marocaine, renforcée de quelques tribus du Riff, n'était qu'un fait accidentel non concerté par Muley-Abbas et mis à exécution sans qu'il y prît part ; parce qu'enfin, Sidi Mohammed résistait encore, malgré les convictions de son frère, et qu'il lui fallait une nouvelle défaite pour le décider à traiter, comme pour réduire au silence le parti des fanatiques, encore nombreux dans l'armée marocaine, malgré les rudes leçons données par les évènements.

« Je n'attends plus aucun résultat avantageux, avait dit Muley-Abbas : j'ai des braves parmi mes troupes, et ceux-là meurent vaillam-

ment ; mais j'ai aussi des lâches, et rien ne peut
plus les convaincre de leur devoir ; ils fuient
honteusement. Vous autres Espagnols, vaillants
ou non, vous marchez avec assurance ; la discipline vous soutient et vous rend victorieux.
Chaque fois que nous combattrons maintenant,
nos armes seront humiliées. » — C'est dans
cette disposition d'esprit qu'il répondit aux fan-
farons qui préméditaient le coup de main du 11
et qui se faisaient forts de jeter les Espagnols
dans la rivière. « Allez, attaquez les chrétiens
chaque fois que vous en aurez envie ; lorsque
votre expérience sera faite, je sais que vous ne
reviendrez plus vers moi, et vous me laisserez
agir. »

C'est à la suite de cette maladroite tentative,
à laquelle la garde noire, plus directement commandée par le prince, ne prit aucune part, que
de nouveaux parlementaires s'étaient présentés
à Tétuan, et que le maréchal O'Donnell leur
avait répondu qu'il ne voulait plus suspendre
ses opérations. Muley-Abbas, qui est loin d'ê-
tre un personnnage vulgaire, et qui laissera de
lui une grande opinion parmi ses ennemis, dut
faire son devoir ; il prit le commandement de
ses troupes, se prépara à la défense, et comptait
attendre les Espagnols dans ses retranchements du Fondouck ; mais les fanatiques l'en-
traînèrent encore une fois, et la rencontre eut
lieu dans la jolie vallée de Guad-Ras formée,
à quelques kilomètres en avant de Tétuan, par
le Guad-el-Jelu, dominée à droite par le petit
Atlas, et à gauche par la chaîne de la Sierra-

Bermeja. Les dépêches ont dit que cette lutte ne fut pas de longue durée; ce ne fut pas cependant un simulacre. Les guerroyeurs de l'armée marocaine y donnèrent résolument. Muley-Abbas et la garde noire firent de leur mieux, et la perte des Espagnols, évaluée au premier moment à 50 morts et 600 blessés par le maréchal O'Donnell, paraît s'être élevée à près de 1,200 hommes, ce qui démontre que les braves bataillons du corps expéditionnaire savaient qu'il s'agissait d'un dernier enjeu.

Après cette dernière et rude leçon, qui paraît avoir coûté bien plus cher encore à l'armée marocaine, le parti des fanatiques a complétement disparu pour ne plus revenir, comme Muley-Abbas l'avait prévu.

Le combat de la vallée de Guad-Ras a eu lieu le 23 mars, au milieu du jour. L'armée espagnole, campée sur le champ de bataille, expédiait le lendemain ses blessés sur Tétuan, et renouvelait ses munitions pour marcher en avant, lorsque se présentèrent de nouveau, et pour la troisième fois, les émissaires de Muley-Abbas. Le maréchal signifia de nouveau les conditions qu'il avait déjà posées, et donna jusqu'au lendemain matin pour tout délai, déclarant qu'il n'arrêterait pas pour cela son mouvement sur le Fondouck. Le 25, au point du jour, l'armée était massée en colonnes, le camp levé, les tentes pliées, lorsque revinrent les émissaires. Le prince demandait une entrevue. Une tente fut dressée à six cents pas en avant des grand'gardes; le maréchal et Muley-Abbas s'y rendirent presque seuls. A une heure de l'après-midi, l'armistice était signé et les préliminaires de la paix posés et acceptés.

On sait maintenant, par les journaux officiels, quelles sont les bases sur lesquelles la paix sera conclue.

Le territoire en avant de Ceuta comprendra toute la partie conquise par les Espagnols au début de la campagne. Tétuan et cette route des Castillejos, où l'armée marqua, pendant une marche de dix jours, de si douloureuses étapes, ne resteront en son pouvoir que jusqu'à l'accomplissement des conditions du traité. Le territoire de Mellila sera agrandi; mais il n'est rien stipulé à l'égard de Velez et du préside d'Alhucemas, qui restent exposés au blocus permanent des sauvages de cette côte maudite.

L'Espagne recevra, sur la côte de l'Océan, ou plutôt reprendra le petit port de Santa Cruz, situé à l'extrémité méridionale de l'empire du Maroc, par 31 degrés 1/2 environ de latitude, à la hauteur des îles Canaries. Santa Cruz était propriété de l'Espagne au commencement du seizième siècle. C'était une pêcherie sans importance, sur la côte occidentale ; on la nommait Santa Cruz *de Mar Pequeña*, pour la distinguer de la Santa Cruz de Ténérife. Celle-ci regarde le nord du Grand-Océan. Mar Pequeña (petite mer) désignait l'espace limité qui sépare le Continent africain de l'archipel. Les Maures avaient changé ce nom en celui d' « Agadir ».

Nous ne voyons pas, quant à présent, l'utilité de ce poste pour la Péninsule, à moins que ce ne soit pour faciliter les transactions commerciales des Canaries avec le continent, et comme escale pour les communications de la métropole avec ses possessions de la côte de Guinée, Annobon et Fernando-Po.

Le Maroc paiera en outre à l'Espagne une indemnité de guerre de 400 millions de réaux, consentira à un traité de commerce où les vainqueurs seront désormais traités à l'égal de la nation la plus favorisée, et recevra à Fez un représentant espagnol. Les missionnaires chrétiens seront protégés, et autorisés à fonder une maison au chef-lieu de l'empire.

Nous sommes trop peu initiés aux intentions politiques des négociateurs pour apprécier la portée de ces conditions. L'opinion que nous avons émise ici à plusieurs reprises, nous portait à désirer pour l'Espagne une plus glorieuse compensation de ses sacrifices, et une plus ample récompense de ses admirables efforts. Nous n'avons pas été seul à rêver pour elle, de préférence à tout, une utile extension de ses possessions actuelles au nord de l'Afrique ; à considérer comme une œuvre digne d'une nation généreuse et chrétienne la constitution d'un Tell espagnol à la suite de l'Afrique française, et en regard des côtes de l'Andalousie, de Murcie et d'Alicante. Le profond sentiment que des amitiés de trente ans nous donnaient de la dignité et de l'avenir de nos voisins d'outre-Pyrénées, nous faisait nous associer du fond du cœur au vœu de la presse madrilègne, qui demandait tour à tour, par la voix de ses organes

les plus accrédités, la conservation de Tétuan,
l'occupation permanente de la côte depuis Ceuta
jusqu'au Rio Martin, la conquète, au nom de
l'Europe, des côtes septentrionales. Enfin nous
applaudissions vivement à cette clause, un instant proposée, qui devait interdire au Maroc
de jamais aliéner ses droits sur Tanger, au profit
d'une autre puissance. Cette clause capitale
ne figure pas dans les conditions mentionnées
par la *Gazette officielle de Madrid*. Reste-t-elle
parmi les articles secrets? C'est l'espoir de tous
les hommes dont l'Espagne s'est acquis les
sympathies pendant cette campagne de cinq
mois.

Devons-nous, sous l'impulsion de ces sympathies, ajouter foi à ce que nous dit une correspondance de ce qui s'est passé à Madrid,
et surtout au palais de la reine, lorsqu'on y a
connu et discuté, quelques jours avant le combat décisif du 23, les conditions préliminaires
arrêtées par le maréchal O'Donnell.

Madrid, nous dit-on, était dans une anxiété
profonde; le cabinet était divisé; la minorité
parmi ses membres, — la minorité malheureusement, — déclarait inacceptable toute paix
basée sur l'abandon de Tétuan; la reine assis-
tait aux délibérations de son ministère, en donnant tous les signes d'une vive agitation. Lorsque la discussion fut close, lorsqu'il fut résolu
que l'Espagne ne conserverait pas sa conquête,
cette noble femme, qui s'est montrée si enthousiaste des gloires de son pays, si heureuse de
cette renaissance qui assurait la grandeur de

son trône, n'a pu se défendre d'une profonde émotion.

« J'avais pensé, aurait-elle dit, que l'avenir de l'Espagne était en Afrique ; je ne croyais pas qu'il fût impossible ou peu avantageux pour notre pays de maintenir à toujours la bannière espagnole sur les murs de Tétuan ; c'était pour moi la première réalisation du testament de mon illustre aïeule, Isabelle la Catholique ! »

En sortant du conseil, ajoute notre correspondance, la reine s'enferma dans ses appartements et refusa de recevoir personne. « Je viens de passer un moment cruel, dit-elle à ses serviteurs ; j'ai besoin de repos ! »

Les jours qui vont suivre nous diront ce qu'il va rester du rêve que, nous aussi, nous avions caressé.

LA PAIX

Notre rôle est près de finir; la paix met un terme à notre chronique et nous n'aurons plus, pour rendre à peu près complète la tâche que nous avons entreprise, qu'à enregistrer les derniers faits qui consacreront peu à peu la prise de possession par l'Espagne des territoires restreints que lui laisse le traité. Elle a combattu; elle a été à chaque pas victorieuse; elle marchait en revendiquant des possessions anciennes; elle prétendait porter les lumières de la civilisation et du catholicisme à travers tout ce royaume barbare; elle disait obéir aux tendances de toute son histoire, au vœu de ses rois et de ses hommes d'Etat, de la grande Isabelle, de Charles-Quint, de Cisneros; elle regardait comme sienne toute la terre africaine que baigne cette même mer qui caresse ses côtes; elle disait : « Nos destinées, à nous, ne sont pas en Europe; nous sommes trop à l'extrémité du continent pour avoir autorité dans ses conseils, notre royaume, c'est la mer; notre armée, c'est la flotte; notre terrain, c'est l'Afrique! » Ce terrain, elle le conquiert vaillamment; elle porte avec peine de l'autre côté du détroit 50,000 soldats dignes des nôtres : patients,

infatigables, sobres, énergiques, les vrais petits-
fils de ceux qui formèrent la meilleure infanterie du monde ; elle déploie d'immenses ressources en argent, en approvisionnements, en
matériel improvisé ; elle avait de braves généraux, elle retrouve ses dignes marins d'autrefois. Sa flotte si pauvre, si réduite, se multiplie
comme dix flottes sous la direction d'un homme
qui, à notre avis, est une des grandes figures
de ce trop court épisode de résurrection glorieuse, et il lui reste de tout ce bruit, de tout
ce mouvement, le droit d'appeler sien, en avant
de Ceuta, de Velez, d'Alhucemas et de Melilla, un territoire étroit qui sera toujours entouré, comme autrefois, de Berbères à l'affût.
Elle reprend une pêcherie misérable tout en bas
de l'empire marocain, à 250 lieues de Cadix ;
elle reçoit une indemnité de guerre qui sera
loin de couvrir ses dépenses immenses ; et,
pour l'honneur de la civilisation, pour la pro-
pagation du catholicisme à travers l'Afrique occidentale, elle est autorisée à établir à Fez une
pauvre maison de missionnaires !

Et Tétuan, sa conquête ; Tétuan qui allait
devenir la capitale des possessions espagnoles
du nord de l'Afrique ; Tétuan qui se transfor-
mait en un clin d'œil en ville européenne, qui
donnait à ses portes les noms du Cid, de la
Reine, de la Victoire, des Rois catholiques, à
ses 102 rues toutes ces belles dénominations
sonores qui rappellent tant de grandeurs et
tant de poésie, des noms de villes, des noms
de régiments, des noms de victoires ; Tétuan,

qui d'une mosquée avait fait une église sur-
montée de la croix et sanctifiée par l'eau lus-
trale, Tétuan sera rendu !

Si nous en croyons nos correspondances,
l'impression produite en Espagne par le traité
aurait été généralement pénible. La paix était
désirée, sans nul doute ; les hommes les plus
sérieux, bénissant les chances heureuses qui
avaient protégé cette expédition, contrariée
au début par tant d'événements opposés,
étaient fiers de la gloire incontestée conquise
par l'armée, fiers de l'éclatante vengeance
tirée des insultes du Maroc. Une fois l'honneur satisfait, ils ne voulaient pas de grandes conquêtes, parce que l'Espagne n'a pas
assez d'argent pour les entretenir, ni assez de
bras pour les garder ; mais ils attendaient des
conditions indiquant davantage de quel côté
étaient les vainqueurs. La première impression
a été la stupéfaction ; la seconde la tristesse.
On s'est souvenu qu'aux premiers pourparlers
sollicités par Muley-Abbas, et auxquels assis-
tait le ministre El-Ketib, la première condition
posée par le maréchal O'Donnell avait été que
l'Espagne conserverait sa conquête, que El-
Ketib avait refusé d'y consentir, et qu'avec un
mouvement de noble dignité, auquel tout le
pays avait applaudi, le maréchal s'était levé,
refusant de négocier davantage. Depuis lors,
est survenue la victoire du 23 mars, sous les
murs de Tétuan ; depuis lors, l'armée, se pro-
mettant de ne plus négocier qu'à Tanger, où
elle envoyait par mer son train de siége, marchait

en avant, conquérait des droits nouveaux, dispersait 50,000 Maures dans la vallée de Guad-Ras, au prix du sang de 1,200 des siens, et acceptait... les conditions du vaincu !

Il est vrai, dit-on encore, que lors des premiers préliminaires, il ne s'agissait que de 200 millions de réaux ; que cette somme a été doublée à Guad-Ras, et que le vaincu donne comme appoint, à Santa-Cruz *le terrain suffisant pour la formation d'un établissement.* Ainsi donc, c'est une grande gloire, une noble conquête, un duché relevant de la couronne d'Espagne, taxé en argent à 50 millions de francs, plus une pêcherie !

Nous ne connaissons que de nobles cœurs en Espagne ; nous les voyons se contraindre devant une nécessité politique, et s'efforcer de chercher des consolations contre la perte d'une douce illusion. Les journaux essayent d'adoucir les regrets, en disant, les uns, que la campagne de Tétuan est marécageuse, et que la fièvre y est à l'état endémique ; les autres, que les produits du sol sont loin d'y avoir l'importance qu'on s'est plu à faire ressortir ; d'autres encore, que le pays n'est pas tenable, qu'on ne saurait faire un pas à cent mètres de la place sans recevoir un coup d'espingarde ; qu'on ne saurait suivre, sur la rive gauche du Rio-Martin, le chemin de Tétuan à la mer, sans apercevoir des Kabyles blottis sous les buissons de la rive droite, et attendant patiemment une victime. D'autres feuilles tentent de prolonger l'illusion par une excursion dans le domaine des futurs contingents. « Tétuan nous reste jusqu'à ce que nous soyons payés, et qui peut dire à quelle époque le Maroc aura réalisé 400 millions de réaux ! » Le traité n'est donc pas sérieux ?

Les négociateurs sont nommés de part et d'autre; ils se réuniront à Tétuan, et, dès à présent, on s'occupe de la désignation des corps de troupes qui formeront la division chargée de la garde du gage. On assure qu'une partie des troupes avant leur rentrée en Espagne, ira faire une démonstration contre les barbares des environs de Melilla, afin de ne pas laisser sans vengeance le rude traitement qu'a reçu, il y a un mois, le régiment provincial de Grenade.

Le train de siège, après avoir voyagé inutilement de Cadix au Rio-Martin, du Rio-Martin à Tanger, où on cherchait il y a quinze jours un point de débarquement, est rentré à l'arsenal de la Carraca. Le convoi se rembarque et on se préoccupe d'utiliser en Andalousie, en les y acclimatant, les chameaux amenés de notre province d'Oran.

L'augmentation de la flotte, la grande souscription des provinces, vont devenir la plus sérieuse pensée du pays.

Du Maroc, aucune nouvelle importante. L'empereur a ratifié le traité de paix, et les Marocains prétendent qu'ils auront promptement payé les 400 millions de réaux de la contribution. Tétuan ne devant pas rester à l'Espagne, on a arrêté les démolitions un peu intempestives que le général Rios y avait entreprises, dans le but d'ouvrir des voies à l'Européenne au milieu du dédale des ruelles arabes. Muley Abbas est intervenu lui-même pour mettre un terme à cette profanation de la ville sainte. L'église redeviendra mosquée; la porte du Cid reprendra son vieux nom et il y aura sans doute dans l'esprit des habitants quelques haines de plus, à l'adresse des vainqueurs qui ont osé toucher à l'arche sainte.

Au milieu des offres auxquelles avaient donné lieu les succès de l'armée, nous avions remarqué celle d'un fabricant de faïences des environs de Malaga qui, huit jours après la prise de Tétuan, demanda au général en chef la liste des nouvelles dénominations des rues et des places de la ville, afin de faire fabriquer des plaques destinées à conserver ces noms d'une manière indélébile. Que va devenir l'œuvre patriotique du faïencier de Malaga ?

La province de Santander d'où est originaire don José Maria de Bustillos, vient d'ouvrir une souscription pour offrir à l'illustre amiral un sabre d'honneur.

L'ENTRÉE DE L'ARMÉE A MADRID

11 Mai 1860.

La paix avec le Maroc est signée, mais avec des particularités qui paraissent laisser dans les esprits de vives inquiétudes : les plénipotentiaires marocains, chargés, aux termes de l'acte préliminaire, d'arrêter les clauses du traité et de le signer au nom de l'empereur, se sont d'abord fait attendre longtemps; puis, lorsqu'ils sont arrivés en grand apparat, porteurs de présents pour la reine, pour le maréchal O'Donnell, pour les principaux chefs de l'armée, on s'est aperçu qu'ils n'étaient pas munis des pouvoirs nécessaires. On vit le moment où le traité ne pourrait être conclu, où il faudrait peut-être recommencer à combattre, et dans une saison déjà trop chaude. A défaut des plénipotentiaires, il a fallu l'intervention du prince Muley-Abbas, qui s'est porté fort de la parole de son frère; les pouvoirs ont été régularisés tant bien que mal, sous la seule garantie du prince; le traité a été signé. Les 400 millions de réaux, tout prêts, disait-on, seront payés dans un délai dont le dernier terme est fixé au 1er janvier 1861; mais l'empereur peut dire dans quelques jours, une fois le maréchal parti, une fois la plus forte partie de l'armée rentrée de l'autre côté du détroit, qu'il n'a pas autorisé le traité, qu'il en refuse la ratification. L'anxiété est grande, et l'Espagne, jouet de la cautèle barbaresque, sera peut-être exposée à se contenter de sa gloire.

Le maréchal O'Donnell a quitté Tétuan le 29 avril, et est venu débarquer à Alicante, où il ne s'est arrêté qu'une heure. A trois heures du matin, le 30, il est arrivé à la gare d'Aranjuez où l'attendaient la duchesse de Tétuan, les ministres, un aide-de-camp du roi, des chefs de service et quelques amis particuliers. La population de la royale résidence n'avait pas jugé à propos de devancer le jour.

Les troupes déjà rentrées sont l'objet, dans la plupart des villes qu'elles traversent, d'ovations qu'elles ont bien méritées, et qui s'adressent plutôt à elles seules qu'à des résultats dont l'Espagne ne semble pas apprécier facilement les bénéfices. Une colonne de vétérans et de blessés est arrivée à Madrid, dirigée vers l'hôtel des Invalides.

La ville de Madrid a accueilli l'armée d'Afrique, rentrant triomphante après la conclusion de la paix, avec un enthousiasme égal à celui qui s'est produit à Paris à deux reprises, au retour des troupes revenant de Crimée et d'Italie. Il y a eu, en plus, tous ces épisodes qu'inspirent un climat plus ardent et des passions moins accoutumées à être contenues.

Les seize bataillons chargés de représenter l'armée et de recueillir les ovations que lui destinait la population madrilègne, étaient campés depuis plusieurs jours hors des murs, dans la plaine d'Amaniel ; la capitale espagnole a pu, comme nous-mêmes il y a moins d'un an, se donner le spectacle d'un appareil militaire, auquel elle était d'ailleurs moins bien initiée.

La ville, le 11 mai, s'était pavoisée avec toute la pompe des villes espagnoles ; peu de drapeaux, mais des draperies à toutes les fenêtres, des tentures à tous les balcons. Ces jours-là, on sort des gardes-meubles des tapisseries précieuses qui n'ont pas d'autre usage, des bandes de velours frangées d'or et d'argent, portant brodées en riches couleurs les armoiries des grandes familles.

L'entrée s'est faite fort tumultueusement ; le peuple, qu'on n'avait pu contenir, s'était mêlé à la troupe ; les femmes, celles des classes élevées comme celles des classes inférieures, étaient dans les rues, saluant les bataillons au passage, se précipitant au-devant des vainqueurs, les embrassant et leur distribuant des couronnes. Le maréchal O'Donnell a été partout acclamé, et le général Prim l'objet de vivats fanatiques. Après eux, les héros de cette heureuse fête ont été un brave enfant de quatorze ans, clairon au régiment de Bourbon, et un chien qui marchait en tête du bataillon des chasseurs de Baza.

Parlons d'abord de celui-ci, dont nous aurions déjà dû raconter l'histoire, d'après le récit, plus vrai, dit-on, qu'il n'est vraisemblable, donné depuis un mois par les journaux espagnols. *Palomo* fut recueilli à Barcelone, à peu près mourant de faim, par un soldat de la

4ᵉ compagnie de ce bataillon, et la reconnaissance lui apprit dès les premiers jours à en distinguer l'uniforme de tous les autres. Laissé à terre lorsque les chasseurs s'embarquèrent pour Malaga, il trouva moyen cependant de rejoindre ses amis six jours après qu'ils furent arrivés.

Ceci est au nombre des choses possibles ; ce que nous allons rapporter tient un peu plus du merveilleux. Ce bataillon resta un mois à Malaga, soignant et choyant cette bête intelligente, puis reçut ordre de passer en Afrique. Palomo fut exclu, comme à Barcelone, du bateau destiné au transport des chasseurs de Baza, et, néanmoins, il trouva encore le moyen d'aborder sur le sol marocain. Il chercha sa compagnie, la rejoignit, prit part avec elle à tous les engagements, assista à la prise de Tétuan, vit son maître mortellement frappé à la prise de Guad-Ras, et fut lui-même atteint d'une balle dans la cuisse. Les hommes appelèrent le chirurgien du bataillon ; ils voulurent que Palomo fût soigné comme eux-mêmes, et qu'il eût, après l'extraction de la balle, la meilleure part des provisions de la compagnie. Palomo est rentré en Espagne sur un navire de l'Etat ; on a levé cette fois pour lui toutes les défenses. Imaginaire ou vraie, sa réputation l'avait précédé à Madrid ; il a paru dans le cortège en tête du bataillon et couvert de fleurs. Le jeune clairon du régiment de Bourbon n'a obtenu les bravos qu'après lui.

Celui-ci s'était aventuré un jour au-delà des avant-postes, et au milieu d'un bouquet de chê-

nes, où il s'occupait à faire une récolte de glands.
Tout à coup il se vit entouré de Maures. Il ne
pouvait fuir, il était hors d'état de se défendre;
une inspiration le sauva. Il emboucha précipitamment son clairon, se mit à sonner la charge,
et les Maures, croyant avoir un bataillon à leurs
trousses, prirent la fuite sans lui faire aucun
mal. Le brave enfant a été porté en triomphe
dans les rues de Madrid; on l'avait couronné
de lauriers.

Les seize bataillons ont quitté Madrid après
avoir défilé sous le balcon de la reine. On leur
a donné pour garnison les villes voisines. Les
blessés, après avoir été promenés dans les voitures de la grandesse, ont reçu d'abondantes
gratifications et ont été dirigés sur leurs foyers.

L'Espagne, cependant, n'a pas entièrement
remis son épée dans le fourreau; les arsenaux
continuent de se réinstaller et de s'approvision-
ner; la flotte du brave amiral Bustillos est dis-
soute, mais ne désarme pas; les navires qui la
composent restent en commission dans les ports
des côtes méridionales. Un noyau est conservé
à Algeciras, pour aviser aux besoins de la division à laquelle a été confiée la garde de Tétuan, jusqu'à l'exécution des conditions du
traité. Or cette exécution ne paraît pas devoir
être aussi prochaine que les Maures avaient
cherché à le faire croire. Ils étaient tout prêts,
au moment où arrivaient les plénipotentiaires,
à verser les 400 millions de l'indemnité de
guerre; déjà même la moitié de cette somme,

en espèces d'or, était arrivée à Tanger. On prétend que Muley-Abbas aurait tout récemment fait connaître au maréchal O'Donnell que le trésor de l'empereur était dans une pénurie extrême, et qu'il ne serait pas possible de payer cette dette autrement qu'en nature, c'est-à-dire en blé et en avoine. Voilà l'Espagne, déjà riche en céréales que l'absence de moyens de transport l'empêche d'écouler, menacée d'en recevoir encore, à ses risques et périls pour cent millions de francs.

Ce qui semble devoir compliquer les difficultés que laisse après lui le traité de paix de Tétuan, c'est qu'un compétiteur très sérieux et très légitime a surgi au Maroc, et menace Sidi-Mohamed dans la possession du trône. On dit qu'il descend plus directement du défunt empereur, et qu'il est entouré de sympathies nombreuses. Que deviendra le traité de Tanger, si ce compétiteur réussit ?

Ainsi, deux questions graves préoccupent en ce moment l'opinion publique en Espagne : — le paiement très lentement opéré des termes déjà arriérés de la contribution de guerre du Maroc ; — l'arrivée très prochaine à Valence d'une ambassade, qui aura pour chef le prince Muley-Abbas.

Le prince Muley-Abbas doit partir de Tanger sur un navire de guerre de l'escadre espagnole, qu'il a visité tout dernièrement avec un grand sentiment de curiosité, et dont les honneurs lui ont été faits avec le plus grand appareil. Il sera reçu à Valence par toutes les autorités et par la garnison rangée en bataille. Un train spécial le conduira à Madrid, où le maréchal O'Donnell a fait préparer pour le recevoir ses propres appartements du palais de Buenavista.

On s'est efforcé de donner à cette installation le caractère qui pût être le plus agréable au prince et à sa nombreuse suite. Ameublement à l'orientale, bains, mosquée, tout y a été disposé ; plus une particularité que proscrivent les préceptes de l'islamisme, mais qui n'en sera pas moins agréable au prince : son portrait peint par l'un des meilleurs artistes de Madrid. Une garde d'honneur de vingt hommes sera donnée à l'ambassade partout où elle séjournera, et un piquet de vingt cavaliers l'escortera dans toutes ses sorties.

Une commission spéciale de fonctionnaires de la trésorerie a été envoyée à Tanger pour procéder à la réception du tribut marocain. L'œuvre de cette commission est des plus laborieuses. Il s'agit de vérifier pièce à pièce les monnaies, de tous coins et de toutes dates, présentées par le trésor impérial, et de les compter, soit en raison de leur valeur monétaire, soit en raison du poids métallique. Le personnel de la commission est assez nombreux et d'ailleurs assez exercé pour être arrivé dans ces derniers temps, à la grande stupéfaction de la commission marocaine chargée de la remise, à vérifier et à compter par jour huit millions de réaux.

La frégate *Princesa-de-Asturias* a amené dernièrement à Alicante un premier versement, montant à plus d'un million de douros, cinq millions de francs. Ce n'est encore que la vingtième partie du tribut. On assure que, même en vendant ses récoltes, l'empereur du Maroc aura la plus grande peine à en compléter la moitié. L'Espagne s'attend, par conséquent, et malgré les sollicitations qu'apporte sans doute le prince Muley-Abbas, à conserver longtemps encore la place de Tétuan. Nous dirons dans notre prochaine revue quelles dispositions officielles légitiment cette opinion.

L'AMBASSADE MAROCAINE
A VALENCE. — LE TRIBUT

15 Août 1850.

L'ambassade marocaine est arrivée au Grao de Valence, dans la nuit du 13 août. Le débarquement n'a eu lieu que le 15, au milieu d'un immense concours de population. Tous les navires présents dans le port étaient pavoisés; le capitaine général, le gouverneur civil, une députation de la municipalité attendaient, avec une compagnie d'infanterie, au haut de l'escalier du môle. L'ambassade a mis pied à terre à cinq heures du soir, au bruit des canons du navire *Isabelle II;* une heure après, elle faisait son entrée à Valence dans plusieurs voitures escortées par un détachement de hussards. Toutes les troupes de la garnison étaient rangées en bataille sur l'Alaméda; le cortège passa devant leur front, parcourut lentement les principales rues de la ville, remplies de curieux, et s'arrêta à l'hôtel du Cid, où avaient été préparés les logements des hôtes de l'Espagne.

On a surtout remarqué leur extrême gravité et leur indifférence affectée, dont nous avons eu de fréquents exemples; et cependant l'émotion de ces anciens possesseurs de l'Espagne a

12

dû s'accroître à la vue des vieux souvenirs dont fourmille l'antique capitale d'un de leurs royaumes.

Il avait été dit que l'ambassade serait conduite à La Granja, et que la reine la recevrait au milieu des splendeurs presque françaises de cette résidence, bâtie par Philippe V, à l'image de Versailles; mais ce projet a été modifié. La reine recevra Muley-Abbas à Madrid, à son prochain retour, et, d'ici là, le prince et sa suite, après un court séjour à Valence, visiteront Aranjuez et Tolède, leur ville sainte, qui porte l'empreinte encore si vivante de leur domination.

La presse espagnole ne doute pas que le but de l'ambassade ne soit d'obtenir du gouvernement espagnol d'importantes modifications au traité accepté le lendemain de la victoire de Guad-Ras. Le prince Muley-Abbas démontrera que son illustre frère a épuisé les ressources de son trésor, engagé même celles de l'avenir, pour parfaire les premiers versements de la contribution de guerre; il demandera de longs ajournements pour les autres échéances, engagera sa parole, et sollicitera néanmoins la prompte restitution de Tétuan, contrairement aux réserves formulées par le traité. On s'en émeut; mais il ne nous paraît pas possible qu'un acte, consacré par les Cortès, puisse être aussi facilement annulé, surtout lorsqu'il résulterait inévitablement la perte totale, malgré la parole du prince, de ce que l'Espagne attend encore du prix du sang versé dans vingt-six combats.

Quant à Tétuan, le Maroc et l'Espagne nous semblent bien loin de s'entendre. Les Maures pleurent leur ville sainte ; l'occupation espagnole les révolte ; ils ne veulent pas croire que cette occupation, garantie d'un traité auquel ils ne savent comment échapper, puisse durer de longues années encore, et ils se disent qu'il leur suffira d'implorer et de promettre pour obtenir. Dès le jour où le traité a été ratifié par leur empereur et par la reine, ils ont demandé qu'on suspendît les projets d'embellissements auxquels le malheureux général Rios s'était consacré, et qui déjà ont ôté à la ville une partie de son pur caractère arabe. « Ce n'est plus une conquête, disait Muley-Abbas, c'est un gage ; ce n'est pas votre propriété, c'est notre ville ; elle nous reviendra demain ; laissez-la telle que nous vous l'avons confiée. »

Les Espagnols ont accepté un instant cette position bizarre ; mais les chaleurs et l'épidémie survenant, force leur a été, malgré les protestations des Maures, de continuer une œuvre d'assainissement et d'amélioration d'où dépendait le salut de l'armée. Cette frayeur des Maures de voir les vainqueurs s'établir en maîtres dans cette conquête de *convention*, s'est manifestée dans deux circonstances notables. La transformation, peut-être impolitique, d'une mosquée en chapelle catholique, qui a soulevé des colères de nature à devenir fatales aux occupants, s'ils cessaient un jour d'être sur leurs gardes ; puis l'établissement d'un cimetière chrétien. Ces deux circonstances ont été l'objet d'une correspondance dans laquelle se laissent voir les préoccupations du gouvernement impérial.

Le commandant militaire de Tétuan, pour préserver le nouveau cimetière de toute violation, avait offert d'en acheter le terrain, afin qu'il pût rester propriété de l'Espagne, même après l'occupation ; mais les Maures ne peuvent consentir à voir leurs ennemis rester maîtres d'une parcelle de ce sol, d'où ils se hâteront d'effacer aussitôt que possible leur souvenir. Muley-Abbas s'est donc empressé de déclarer que l'empereur lui-même indemniserait les propriétaires du terrain, et qu'il placerait les sépultures espagnoles sous sa protection directe, ainsi que sous la responsabilité personnelle du futur alcaïde de la ville.

On se conduit donc dès à présent comme si Tétuan allait être immédiatement rendu ; on n'a pas douté un instant du succès de l'ambassade, depuis qu'elle est projetée, et c'est là le secret de la lenteur apportée par les agents de l'empereur au paiement, à Tanger, des millions de l'indemnité. Il s'agit pour eux, tout en manifestant le plus grand empressement, de gagner le plus de temps possible, afin de mettre à l'abri, derrière les vaines promesses de l'avenir, la plus grosse partie de la dette. On a fait coïncider l'arrivée à Tanger de la commission espagnole chargée de la perception, avec celle de longs convois de mulets, chargés d'énormes sacs, protégés par d'importantes escortes ; mais ces sacs ne renfermaient que des piécettes (pièces de 4 réaux ou 1 franc), la plupart effacées, de mauvais aloi, partant inacceptables. Le compte en a été long, et les mois se seraient passés en vérifications stériles, lorsque les agents marocains, voyant poindre la mauvaise humeur de la commission espagnole, ont fait avancer des espèces plus acceptables, des douros ou pièces de 5 fr. La perception se fit un peu plus vite, sans doute : mais les chaleurs vinrent à l'aide des contribuants, la commission ne pouvait fonctionner que pendant quelques heures ; c'est seulement dans ces derniers temps, à la suite de sollicitations venues de Madrid, qu'elle est arrivée à compter huit millions de réaux par jour, parce que les Marocains ont enfin payé en or et en onces (pièces de 80 francs).

Grâce à ces lenteurs, depuis plus d'un mois que la commission fonctionne, il n'avait encore été payé, ainsi que nous le disions dernièrement, que 25 à 26 millions de réaux ; vingt et quelques wagons du chemin de fer d'Alicante en ont apporté une partie à Madrid. Maintenant, après ce grand effort et toutes ces roueries, surviendra un incident qui suspendra momentanément les travaux de la commission. La contribution ne se paiera plus à Tanger ; les piécettes, les douros et les onces vont faire place à une autre monnaie de toute autre provenance. La commission s'embarquera avec les dernières caisses des cinq premiers millions de francs et viendra fonctionner à Gibraltar, « où sont déposés, dit le *Constitucional* de Cadix, les espèces destinées aux paiements ultérieurs. »

Ceci nous explique d'abord en quelles mains l'empereur du Maroc a trafiqué de ses récoltes, feinte habile pour sauver les richesses accumulées dans le trésor de Mequinez; on y voit aussi pourquoi ce sont les journaux anglais qui ont avancé, avec le plus d'assurance, que la contribution était prête et serait intégralement payée.

Evidemment, il se joue sur les deux rives du détroit une fine comédie; mais nous ne croyons pas l'Espagne assez aveugle pour s'y laisser prendre; la preuve, c'est qu'elle tient Tétuan et paraît le bien tenir. Un journal parle d'une prochaine expédition, dont l'objet serait le renouvellement de la garnison, encore composée de troupes de l'armée expéditionnaire. On y compte en ce moment, en infanterie, trois régiments complets, neuf bataillons détachés et cinq bataillons de chasseurs; en artillerie, un régiment de montagne, un régiment monté et un bataillon à pied; en cavalerie, sept escadrons.

D'excellentes dispositions ont été prises pour le ravitaillement. La viande fraîche vient de Ceuta; elle est fournie par les Maures d'Anghera et de Cadix. De Malaga, d'Alicante et d'Algeciras partent presque journellement des navires de commerce, chargés d'approvisionnements de toute nature. On parle même, pour donner un caractère plus stable à l'occupation, de former une capitainerie générale de l'ensemble de ces possessions espagnoles du nord de l'Afrique.

Les Maures paraissent avoir voulu, dernièrement, mettre à l'épreuve la vigilance des postes qui gardent la route de Tétuan à la mer.
Ce jeu leur est facile; ils ont, en cas d'insuccès, la ressource de rejeter la faute sur les tribus insoumises du Riff. Il y a quelques semaines, le poste de la douane, à l'embouchure du
Guad-el-Jelu, vit une troupe de cent cinquante
Maures, armés de bâtons et suivis de chiens,
descendre de la montagne et se déployer avec
un certain ordre. Ils organisèrent une chasse
contre les lièvres de la plaine, et en se resser-
rant se rapprochèrent peu à peu du fort, dont
la garnison affectait de ne pas se montrer. Un
groupe s'étant avancé jusqu'aux fossés, le commandant envoya un caporal et quatre hommes.
Les Maures demandèrent à boire, mais on ne
leur permit d'approcher que deux par deux jusqu'à la porte du fort, où des soldats leur appor-
tèrent de l'eau. Le lendemain, ils revinrent,
armés cette fois de leurs espingardes ; la garnison fut obligée de faire une démonstration et
de leur enjoindre de s'arrêter aux limites fixées
par le traité.

L'AMBASSADE A MADRID

22 Août 1860.

Le chef de l'ambassade, second ministre de l'empereur et l'un de ses favoris, se nomme Hab-el-Rahman-el-Chorvi; c'est un homme de quarante-cinq ans, de haute taille et d'un aspect imposant; après lui, vient El-Hach-el-Moudy Benani, haut fonctionnaire de l'empire; puis Sid-el-Hach-Ehmed-ben-Habd-el-Malec, homme encore jeune, généralissime de la cavalerie, et qui a eu de fréquents rapports avec les généraux espagnols, après la victoire de Guad-Ras. El-Hach-Ehmed professe une grande admiration pour l'armée espagnole, et surtout pour le général Prim, qu'il appelle le beau idéal du génie des batailles. Le quatrième ambassadeur, Sid-Mohamed Amiquiched, est vice-gouverneur de Tanger, c'est un homme distingué, instruit, parlant parfaitement l'espagnol et d'autres langues. Les autres fonctionnaires de l'ambassade au nombre de quatre, ont le titre d'Alcaïdi, ou chefs de gens armés. Enfin, dans la suite, figure un médecin-*saigneur* et barbier, trois professions toujours cumulées au Maroc; puis un interprète, originaire de Tanger, Achmet, jeune homme de dix-huit ans, fort intelligent et que de fréquents

voyages ont rendu familier avec tout le littoral
de l'Espagne.

Nous n'avons pas le projet d'entrer, avec les
journaux espagnols, dans de trop longs détails
sur les usages des illustres étrangers et sur les
fêtes qui leur ont été données à Valence. Le
jour de leur départ, ils ont fait remettre au gouverneur civil, pour être employée en œuvres de
charité, une somme de 500 douros (2,500 fr.).
Un train spécial les attendait à la station du
chemin de fer et les a conduits à Aranjuez. La
Compagnie avait fait disposer pour eux un wa-
gon-salon, garni en satin blanc et cramoisi.

L'entrée des ambassadeurs à Madrid, après
un court séjour à Aranjuez, s'est faite le 22 août,
avec une certaine pompe. Ils occupaient quatre
voitures de la cour avec les principaux fonctionnaires de la capitale chargés de les recevoir. L'escorte avait été fournie par la garde
civile et par un escadron du beau régiment des
cuirassiers de la reine. Ils ont été très touchés
de l'installation qui a été faite, à leur intention,
au palais de Buenavista, et se sont empressés
dès leur arrivée, d'adresser, par le télégraphe,
à la reine qui habite encore la Granja, l'expression de leur reconnaissance.

En attendant la présentation officielle, les
ambassadeurs visitent l'*armeria*, les théâtres :
la foule se presse sur leur passage avec curiosité, sans doute ; mais aussi avec cette discrète
réserve qui est une des notables particularités
du caractère espagnol. En présence de cet accueil cordial, de ces progrès de la civilisation,

de l'art et de l'industrie européenne, la gravité des quatre personnages fait place à l'expression d'une satisfaction non dissimulée ; ils saluent gracieusement et sourient à ceux qui les entourent. On organise pour eux des spectacles et des courses de taureaux.

L'acte de charité des ambassadeurs marocains à Valence est pour beaucoup dans l'accueil sympathique que leur a fait la population espagnole. « Nous reconnaissons à ce fait, dit le *Mundo militar*, que nos hôtes sont bien les descendants des Abencerrages, des Zegries, des anciens maîtres de l'Alhambra. C'est là ce qui nous porte à leur exprimer une respectueuse déférence ; et si notre souvenir est un instant affecté à la pensée des évènements qui les ont amenés sur notre sol, nous nous disons avec nos poètes, que plus le vaincu est honoré et plus grand est le vainqueur. »

Aux dernières nouvelles, la commission espagnole chargée de percevoir la contribution de guerre avait reçu à Tanger près de 70 millions de réaux. Les 30 millions qui doivent compléter le premier versement l'attendaient à Gibraltar ; elle va se rendre dans cette place, d'où elle retournera à Tanger pour la deuxième échéance. On assure qu'avant la fin de septembre le trésor aura encaissé 200 millions. Cette opinion est confirmée par une lettre d'El Ietib, adressée au chargé d'affaires d'Espagne. Le ministre y exprime l'intention formelle d'exécuter ponctuellement le traité et de conserver avec l'Espagne les plus amicales relations. Il

dit que l'empereur a fait un effort suprème afin
d'être en mesure de faire le deuxième versement avant l'époque fixée pour l'échéance.

Les huit millions de réaux parvenus dernièrement à Madrid étaient en monnaie d'or, en
onces anciennes, soigneusement conservées,
depuis longues années, dans des étuis de cuir.

La reine, rentrée de la Granja, a reçu l'ambassade avec cette pompeuse étiquette dont sa
cour a seule aujourd'hui conservé les vieilles
traditions. Ces hommes impassibles ont été
forcés de s'extasier devant les magnificences
d'un cérémonial conservé depuis Philippe V.
A cette réception solennelle, la reine portait
une parure dont la valeur a été évaluée à la
somme fabuleuse de quarante millions de
réaux; les pendants d'oreilles y figuraient seuls
pour cinq millions. Le pauvre empereur du
Maroc avait envoyé dans trois caisses des présents d'étoffes et d'orfévrerie africaine, que la
reine reçut avec une vive expression de con-
tentement. — « Cela vaut peu de chose, sul-
tane, lui dit Benani, le second envoyé, en pur
castillan, mais il n'y a rien de mieux dans notre
pays; recevez-le comme un témoignage de l'estime que notre empereur professe pour Votre
Majesté. »

Rien n'a transpiré du but réel de l'ambassade et des négociations qu'elle pouvait avoir
mission d'entamer. Elle s'est bornée, dit-on, à
exposer la gêne où se trouve le Trésor impérial et à exprimer le vœu d'obtenir quelque délai pour le paiement des derniers termes du

tribut. L'ambassade n'a reçu, paraît-il, aucun mandat écrit pour agiter cette question, non plus qu'aucune autre. Les ambassadeurs, cérémonieusement reconduits, comme ils étaient venus, sont repartis, le 15 septembre, par le train d'Alicante, sans pouvoir donner suite, en raison de la maladie de l'un d'eux, au projet d'un pèlerinage à Grenade, qui eût été certainement fertile en épisodes intéressants.

Donc, Tétuan reste jusqu'à nouvel ordre à l'Espagne; la garnison ne s'attend nullement à être rappelée dans un prochain délai; on la ravitaille, et il y a constamment, à l'embouchure du Rio-Martin, un navire à vapeur apportant des vivres, et des caboteurs débarquant des fourrages. Le temps y est beau; les grandes chaleurs, qui ont causé quelque mortalité, ont cessé; l'installation est complète. La colonie continue à se recruter, et les « Maures du Roi, » officiellement chargés de surveiller les tribus kabyles du voisinage, prêtent leur concours, en escortant, depuis le port, les approvisionnements qui montent à la ville.

Le paiement du tribut n'est pas interrompu : après la réception, qui s'achève en ce moment à Gibraltar, de deniers provenant sans doute de la vente aux Anglais des récoltes impériales, on dit que la commission espagnole se transportera à Mogador, où seront réunis environ soixante-huit millions de réaux.

UNE CONCLUSION

Deux ans plus tard, le 10 octobre 1862, l'auteur recevait le même gracieux accueil sur le même navire.

Le Vasco Nuñez de Balboa allait partir du mouillage de la Carraca, au fond de la baie de Cadix, ayant à son bord le général Zabala, ministre de la marine.

Le général se rendait à Malaga, avec sa famille et son état-major, pour rejoindre la reine Isabelle, attendue à Grenade par des fêtes splendides, pour lesquelles allaient revivre toutes les merveilles de l'Alhambra.

Le Balboa doubla, dans la soirée, l'imposant rocher de Cadix ; longea la côte de Conil ; passa en vue du Cap Trafalgar.

Ce fut, avant l'aube, le général lui-même, le premier levé, qui appela les hôtes du navire. En peu d'instants on fut réuni le long de tribord.

Le phare de Tarifa, en avant de la côte d'Espagne, envoyait ses derniers éclats, éclipsés de minute en minute ; le feu de la Punta Leona, sur la côte d'Afrique, tremblottait pauvrement en haut d'un rocher, et à l'horizon, à l'Est, au-dessus de la Méditerranée, se dégageait à peine le reflet d'une lueur prochaine.

« Et ici, dans ce fond sombre, demanda l'auteur, ces grandes masses, n'est-ce pas ?...

— C'est la Sierra Bullones, dit le général.

— C'est là, fit l'auteur, que vous avez conduit
votre division à travers les ronces, les rochers,
les palmitos et les coups d'espingarde?

— Là..., par cette brèche étroite qui se nomme
le col d'Anghera. Ce groupe noir avant le sommet, c'est un petit bois de chênes-lièges où nous
avons trouvé un amas de boulets et d'obus de
fabrication européenne.

— Dont la provenance?

— Dites, et vous ne vous tromperez pas, que
c'était de la contrebande ou de la traîtrise.

— Et cette coupure, vers le sommet?

— Il y a là, en haut du versant opposé, une
chute à pic. C'est par là que mes soldats s'accro-
chant aux arbres et aux rochers, poussaient devant eux, la baïonnette dans les reins, la cohue de
ces sauvages. »

Le jour venait, éclairait ce théâtre du premier
engagement de l'armée. Le général causait, tout
ému de réveiller ses glorieux souvenirs. Le bateau avançait avec le courant, et la côte défilait.
Les officiers du général, sa famille, les officiers
du bord étaient là tous, appuyés sur le bastingage.

« Ceci, disait le ministre, c'est l'Otero, le premier campement d'O'Donnell. Plus loin la redoute du Roi, le campement du Serrallo, Ceuta
avec sa triple enceinte, son grand rocher, haut
de plus de 300 mètres, le phare, la campagne. »

La campagne, c'était un coin aride, rocheux,
de médiocre intérêt. A l'autre bord, au contraire,
s'ouvrait et se développait la baie d'Algéciras,
et sa côte festonnée. On aurait pu apercevoir tout
au fond, la colline de San Roque, et en avant la

jolie embouchure du rio Palmonès, dont les eaux couvrent les derniers vestiges de Carteia, la plus ancienne des cités bétiques.

Chose étrange, personne ne paraissait songer à admirer ce charmant spectacle. Tous étaient silencieux, presque mornes; il semblait que ce fût un mot d'ordre.

Mieux que cela, c'était un sentiment profond de patriotisme.

L'auteur, non plus, n'osa pas se retourner; il avait compris.

C'est que là, à bâbord du navire, sur la côte orientale de la baie, se dresse l'autre grand rocher, Gibraltar. On passe; on ne regarde pas.

Le navire activa ses feux, sortit du détroit; entra dans la Méditerranée. Décrivant une grande courbe vers le Nord-Est, il reconnut les plaines du Guadiaro, les côtes riantes et fleuries d'Estepona; il rangea, presque à les toucher de ses vergues, les hautes falaises verticales qui précèdent Marbella, et alors il sembla que les voyageurs se réveillaient d'un long sommeil.

Don Juan de Zabala, marquis de Sierra Bullones, regarda l'auteur, et lui serra la main.

« Où en étions nous ? lui demanda-t-il.

— Nous disions, mon général, que vous avez bien raison de ne pas aimer Gibraltar.

A. GERMOND DE LAVIGNE,

Membre correspondant de l'Académie espagnole
et de l'Académie royale de l'Histoire.

———•

TABLE DES MATIERES

BAR-SUR-SEINE. — IMPRIMERIE SAILLARD.

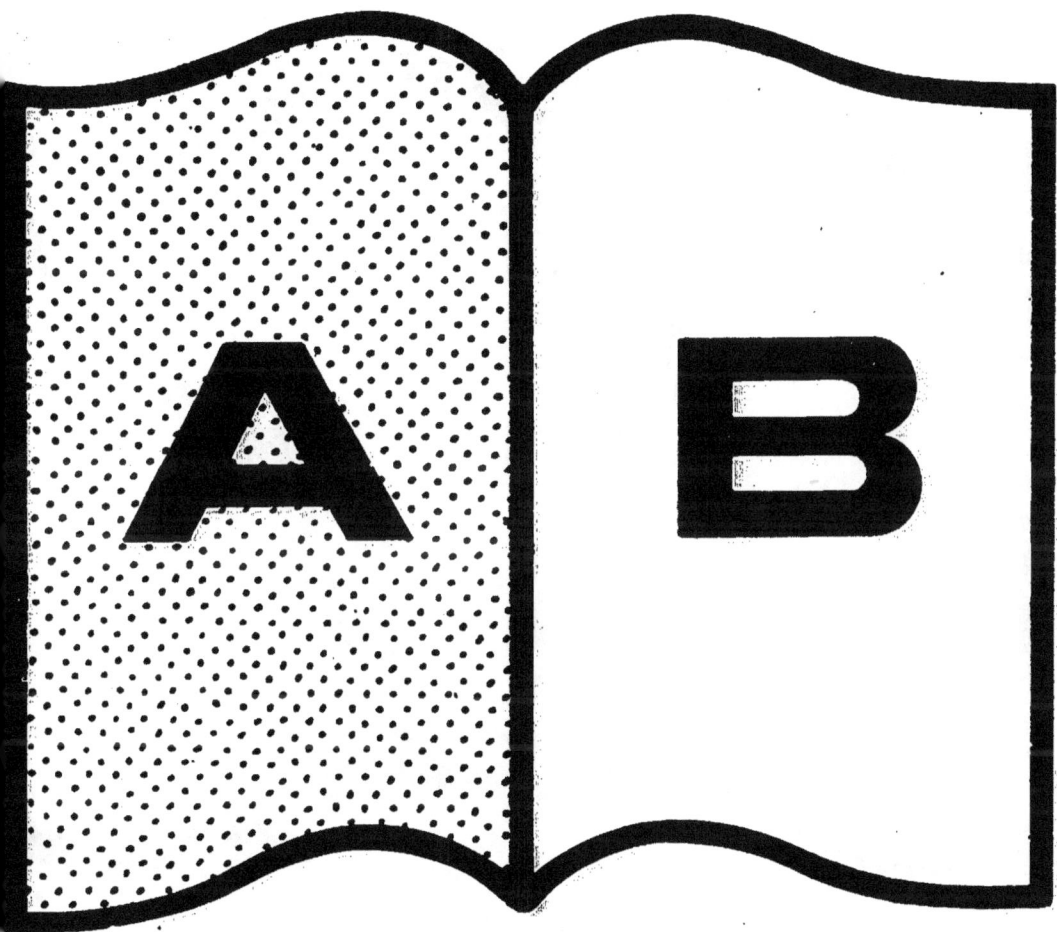

Contraste insuffisant

NF Z 43-120-14

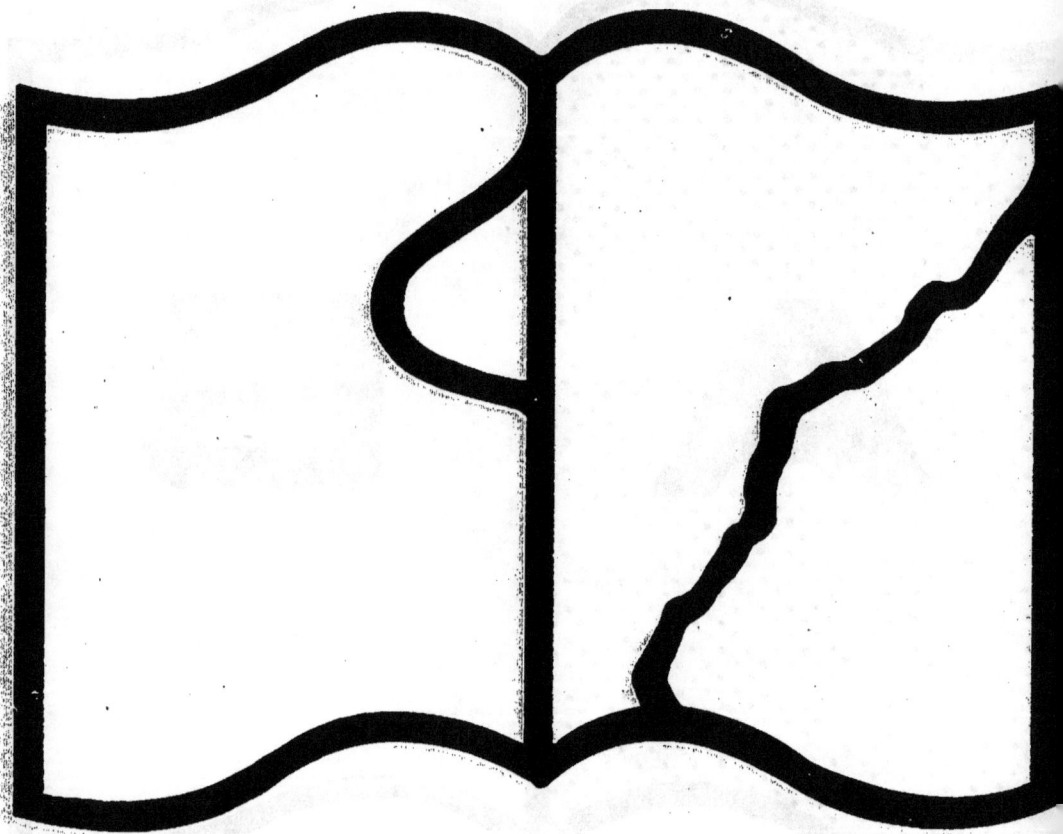

Texte détérioré — reliure défectueuse

NF Z 43-120-11

www.ingramcontent.com/pod-product-compliance
Lightning Source LLC
Chambersburg PA
CBHW071948110426
42744CB00030B/645